期权实战
入门技巧与策略

黄旭东◎著

电子工业出版社
Publishing House of Electronics Industry
北京·BEIJING

内 容 简 介

本书以实战交易为主线，用浅显易懂的语言和形象的比喻，由浅入深，层层展开。首先介绍期权的基础知识，让投资者对期权有初步的认识；再介绍期权的四个交易方向，让投资者根据不同的行情按不同的期权交易方向做交易；接着介绍在单个期权交易方向建仓后如何根据行情的变化进行相应操作，从单个期权交易方向过渡到两个期权交易策略；然后介绍九种常用的期权交易策略，详细介绍每种期权交易策略如何建仓，以及如何根据行情的变化进行调整和转化；最后介绍期权实战交易真经、"降龙十八掌"和期权实战"经典十招"，这是笔者在期权实战交易中总结出来的经验和技巧，让投资者能在书本中学经验，而不是在市场中"交学费"买经验。

图书在版编目（CIP）数据

期权实战入门技巧与策略 / 黄旭东著. -- 北京 ：
电子工业出版社，2025. 3. -- ISBN 978-7-121-37637-5

Ⅰ. F830.91

中国国家版本馆 CIP 数据核字第 2025LC6042 号

责任编辑：高洪霞　黄爱萍
印　　刷：山东华立印务有限公司
装　　订：山东华立印务有限公司
出版发行：电子工业出版社
　　　　　北京市海淀区万寿路 173 信箱　　　邮编：100036
开　　本：720×1000　　1/16　　印张：15.25　　字数：244 千字
版　　次：2025 年 3 月第 1 版
印　　次：2025 年 3 月第 1 次印刷
定　　价：78.00 元

凡所购买电子工业出版社图书有缺损问题，请向购买书店调换。若书店售缺，请与本社发行部联系，联系及邮购电话：(010) 88254888，88258888。

质量投诉请发邮件至 zlts@phei.com.cn，盗版侵权举报请发邮件至 dbqq@phei.com.cn。
本书咨询联系方式：faq@phei.com.cn。

　　2015 年 2 月 9 日，随着上证 50ETF 期权的上市，中国内地证券市场场内期权的大幕正式开启。随着 2017 年 3 月 31 日大商所豆粕期权和 4 月 19 日郑商所白糖期权的上市，中国内地期货市场也步入了期权时代。2018 年 9 月 21 日，我国第一个工业品期权铜期权也顺利在上海期货交易所上市。目前，国内已经上市 50 多个商品期权品种，12 个金融期权品种，基本实现了主要期货品种的期权覆盖。

　　近年来，全球期权市场正以其独有的交易方式展现出蓬勃发展的势头。2023 年全球期权成交量和持仓量持续高速增长，1372.93 亿手的成交量是 2021 年的两倍多。全球期权成交量已经是期货交易量的 3.7 倍，期权持仓量也是期货持仓量的 3.2 倍。

　　国内期权市场也呈现出快速发展势头。改革开放 40 多年和期货市场开通的 30 多年间，我们和欧美衍生品市场的差距，尤其在商品领域，其实是在不断缩小的。这其中有我们创新的因素。

　　如今，国内期权品种的不断丰富和相关配套制度的不断完善，有力吸引了相关市场主体的积极参与，期权市场的活跃也带动了相关大宗商品价格的提升。从 2023 年数据来看，国内的期权市场在全球期权市场的占比明显增加。国内商品期权在全球商品期权中的占比已经从 2022 年的 51.1%提升至 62.1%。

但是，在利率与债券、外汇、股票指数及能源等衍生品领域，国内市场与欧美市场依然存在差距。国内期权经过多年的发展，2023 年，52 个标的期权合约总计日均成交量 976.7 万张、日均持仓量 1308.7 万张、日均权利金成交额 63.1 亿元，同比变化 46.2%、51.1%和 12.7%，其中，商品期权日均成交量、日均持仓量、日均权利金成交额较 2022 年分别同比增长 177%、89.3%和 85.6%，增幅较大。国内期权市场前景广阔，投资者及时学习和掌握这个工具很有必要。

黄旭东是《期货日报》第十届全国期货实盘交易大赛期权组亚军，也是这个活动全国行的金牌导师，还是《期货日报》的专栏作者。在一次活动上，他很突然地邀我为本书作序。许是经常在报纸上看到他的名字，为感谢他对报社工作的支持，我有些惶恐地应诺了。之后，我因住院又赶上年末事情多，写序之事就耽搁了，直到今天终于成稿。我要感谢旭东，因为写序让我想起了两个人。一个是因期权定价理论荣获诺贝尔经济学奖的迈伦·斯科尔斯（Myron Scholes），另一个是介绍他来参加《期货日报》承办的"首届中国（郑州）国际期货论坛"的汇盛金融首席经济学家 Kevin Chen，我要借此机会再次向他们表示感谢。

黄旭东著的《期权实战入门与技巧》（第 2 版）一书，在写作上以期权实战交易为主线，用浅显易懂的语言和形象的比喻，就期权的基础知识、实战交易、"驾驶"技术、期权策略和实战技巧等方面层层展开，内容全面又简单实用。他作为国内第一批股票期权的实战派，积累了很多期权实战交易经验，并把期权理论和实战交易有机地结合起来，撰写了一部值得推荐给期权投资者实战的好书。

陈邦华

《期货日报》总编辑

2024 年 11 月 26 日

推荐序二

　　当今的资本市场，无论是有几百年历史的欧美市场，还是处于发展阶段的新兴市场，期权对于资本市场来说都是一个必不可少的模块之一。同时，期权也是全球市场最活跃的金融衍生品之一，广泛应用于风险管理、资产配置和产品创新等领域，其市场价值已在全世界得到广泛认可。

　　我们有幸见证了中国期权时代的来临。中国期权市场始于 2015 年 2 月 9 日，由上海证券交易所推出第一个期权产品：上证 50ETF 期权。2017 年大连商品交易所与郑州商品交易所又联袂推出了豆粕期权和白糖期权。2018 年 9 月 21 日，上海期货交易所推出了铜商品期权，近期又推出原木期货期权，目前已经有几十个期权品种了。从这一历程中，我们可以看出，发展期权市场是中国推进多层次资本市场建设，服务实体经济的重要举措之一，对资本市场的健康发展具有重要的意义，实体企业在面对商品价格风险时可通过期权强大的风险管理功能，起到保护经营利润的作用。

　　中国的期权市场虽然尚处于发展初期，但上证 50ETF 期权的成交量已经在期权市场占据领先地位，位居全球前三。同时，国内许多专业的投资机构与个人投资者也开始参与期权市场。以这样的发展速度来看，未来期权市场的空间非常广阔，所以还未参与期权交易的投资者务必重视这个工具，把握这个千载难逢的机会，尽早学习和掌握期权工具的应用。

黄旭东先生作为国内第一批股票期权交易的实战派，积累了很多期权实战交易的经验，我有幸提前拜读其著作《期权实战入门与技巧》(第2版)。

这部著作把期权理论和实战交易有机地结合起来，用一种崭新的和贴近市场的交易思路——实战交易为主线，辅以浅显易懂的语言和形象的比喻，由浅入深、层层展开。开篇首先介绍期权的基础知识与期权的四个交易方向，接着介绍建仓后如何根据行情的变化进行应对操作，并带出九种常用的期权交易策略，最后介绍期权实战交易真经、期权"降龙十八掌"和期权实战"经典十招"，内容一气呵成，面面俱到。同时也避开了一些实战交易中用不到的复杂公式和枯燥的理论知识，让投资者更容易上手。本书实操性强，内容全面，通俗易懂，形象生动地把复杂的期权交易比喻为开车，用九种武器形象地阐释了九种期权策略，是一部贴近市场，值得期权投资者拥有的好书。

赖明潭

银河德睿资本管理有限公司投资总监

2024年12月1日

很荣幸能为黄旭东先生所著的《期权实战入门与技巧》（第 2 版）写推荐序。这部著作，像传说中的期权武林秘籍，里面藏有很多期权武林绝学和十八般武器，内容很贴近期权实战交易，通俗易懂，形象生动。

本书以期权实战交易为主线，由浅入深，层层展开。首先介绍期权的基础知识，然后介绍期权实战交易，再介绍期权"驾驶"技术，接着介绍九种常用的期权交易策略，最后介绍期权实战交易技巧，特别是期权实战"经典十招"，每一招对应一种行情走势，投资者只要根据自己对行情的判断选择其中一招，就能做到一招致胜。

我之所以获得第十一届和第十二届全国期货实盘交易大赛期权组冠军，主要使用了该书第九招——波平大跌：买入开仓虚值一档认沽期权。比如在白糖期权上，2018 年 6 月 7 日，经过对趋势进行分析后得出结论，白糖期货 1809 将要大跌，所以当天晚上夜盘开盘后不久即买入开仓看跌期权 SR809-P-5400，一个交易日内即有超 70% 的浮盈，后面出现了一波比较大的下跌，连同加仓部分，最后总资金收益率有 2 倍多，是初始开仓价格的近 4 倍。因此，我获得了第十二届全国期货实盘交易大赛期权组冠军。同时，我在上证 50ETF 期权上也用了这一招，在 2018 年 2 月 6 日，经过分析后，判断上证 50ETF 即将大跌，所以在当天买入开仓认沽期权沽 2 月 3100，没想到在短短的几天时间里上证 50ETF 出现了大幅下跌，在 2 月 8 日就平仓了这个认沽期权，获利 7 倍，如果当时再多持有一天到 2 月 9 日，那么收益率将达到 21 倍。本书中讲述剩下的几招我也经常使用，比如第一招和第十招，只要根据行情选择其中一招，即可大道至简，一剑封喉。

第 3 章期权"驾驶"技术，对我后期的期权交易非常有帮助，主要介绍建仓单个期权交易方向后如何根据行情的变化进行应对操作，可以选择"加油"的操作，类似移仓操作。如果我当时对"加油"这个动作有足够的认识，那么比赛成绩可能会更好。还可以选择"刹车"的操作，类似对冲操作，让我在落袋部分利润的同时不忘继续博取更大的收益，这个"驾驶"技术也是教我们如何从单个期权交易方向过渡到两个期权交易策略，算是学习期权策略的一种铺垫。

第 4 章期权实战"九种武器"，形象地把九种期权策略比喻成九种武器，来阐释九种期权策略的用法，通过这种方式帮助投资者更好地掌握期权实战交易策略，因为期权策略是期权理论中最难学的部分。书中详细介绍了九种武器的实战用法、使用要领、防御招式等，非常通俗易懂，基本涵盖了主要市场走势的应对之策。

第 5 章期权实战交易真经，讲得很接地气，里面的很多经验我都深有体会，可以更好地让期权交易者在书本中学习到交易经验，不需要用自己的真金白银到期权市场中学习，让期权交易者少走弯路。书中有几条写得很精辟，比如第一条换一种思维交易期权，第二条区别使用买方与卖方，第四条买方的痛点是亏时间价值，第七条切勿孤注一掷，第十三条通过中国波指看市场情绪等，这些经验，投资者真得好好学习，不要在期权交易中再犯类似的错误。

第 6 章期权实战"降龙十八掌",就更有意思了。降龙十八掌的招式名称皆取自《易经》,每一招的名称都蕴含着《易经》的智慧。作者尝试借降龙十八掌招式名称中蕴含的传统智慧来阐释期权交易的关键法则。这"十八掌"写得很贴切,细细品味,意犹未尽,所谓异曲同工、触类旁通,希望读者通过这种方式可以建立正确的期权交易思维,在实战中修炼"降龙十八掌"。

第 7 章期权实战"经典十招",是这本书的收尾内容,也是非常经典的内容。经典十招把期权实战中如何选择买方和卖方,如何选择合约这些复杂的问题简单化,并且充分考虑了标的方向和隐含波动率这两个因素对期权交易的影响,用一种通俗易懂的形式呈献给大家一套期权交易的经典招式,让交易者有章可循,根据自己的判断从十招中选择一招进行交易,简单又实用。

以上这些内容,可以让读者轻松掌握和用好期权这个工具,在实战交易中像开车一样去交易期权,根据不同的行情使出"九种武器",并在交易中修炼"降龙十八掌",最后一招制胜。能写出这么精彩的内容,是要有扎实的理论知识和丰富的实战经验的,黄旭东先生不愧是我国第一批期权实战派的代表,我诚挚地向大家推荐这本书,值得好好读一读!

于红

第十一届(2017 年)和第十二届(2018 年)全国期货实盘交易大赛

期权组冠军

2024 年 11 月 25 日

于天津

2015 年 2 月 9 日是一个重大的历史时刻，我国的金融市场迎来了第一个期权品种——上证 50ETF 期权。从此，我国的金融市场进入了拥有"期权"的时代。经过一年多的稳健发展，上证 50ETF 期权的日成交量就达到上市之初的 20 倍以上，增长速度惊人，并且很好地发挥了期权的功能，得到了市场的认可。于是在 2017 年又迎来了两个期权品种上市，分别是大连商品交易所于 2017 年 3 月 31 日推出的豆粕期权和郑州商品交易所于 2017 年 4 月 19 日推出的白糖期权。2018 年 9 月 21 日上海期货交易所推出了铜期货期权。2019 年 12 月 23 日中国金融期货交易所推出了沪深 300 指数期权，深圳证券交易所推出了沪深 300ETF 期权，之后又陆续推出了黄金期权、原油期权、碳酸锂期权、氧化铝期权和原木期权等。至此，我国的期权品种增加到几十个。随着这些期权品种的稳健运行，未来将有更多的期权品种推出，期权品种更加丰富，让投资者有更多的选择，满足他们的风险管理需求。

期权被誉为金融衍生品皇冠上的明珠，是国际市场上主流的交易品种，是一种功能强大的金融衍生品工具。期权可以用来投机，也可以用来投资，还可以做风险管理。

期权的投机功能，通俗地说就是"穷人"翻身的工具，只要市场有一波趋势行情走出来，投资者就有机会通过期权在短时间内迅速增加财富。当投资者拿着标的物时，搭配对应的期权可以做到风险更可控，收益更稳健。期权可以为投资者带来每年 10%左右的确定性收益，相当于持有股票或期货收租金，也可以让投资者规避大亏损。期权具有风险管理功能，是个人投资者做空的最好工具。股票市场就缺做空工具，投资者可以用期权来保护所持有的股票，从容面对市场的大幅下跌。

期货市场用期权来做风险管理，也是非常有优势的。可是，期权毕竟是一个全新的交易品种，跟股票和期货有很大的不同。如果说股票交易是走路的话，期货交易好比踩单车，而期权交易好比开汽车，可以看出期权交易更复杂和难学，并且市场上供投资者学习期权的资料比较陈旧和偏理论化，很少有真正贴近期权实战交易的书。为了让投资者轻松地掌握期权理论和实战交易技巧，笔者决定为投资者打造一本适合初学者、贴近实战交易的书。为了做到这一点，本书避开了一些在实战交易中用不到的复杂公式和枯燥的理论知识，以实战交易为主线，用浅显易懂的语言和形象的比喻，由浅入深，层层展开（书中所计算结果为四舍五入约数）。首先介绍期权的基础知识，让投资者对期权有初步的认识；再介绍期权的四个交易方向，让投资者根据不同的行情按不同的期权交易方向做交易；接着介绍建仓于单个期权交易方向后如何根据行情的变化进行相应操作，从单个期权交易方向过渡到两个期权交易策略；然后介绍九种常用的期权交易策略，详细介绍每个期权策略如何建仓，以及如何根据行情的变化进行调整和转化；最后介绍期权实战交易真经、"降龙十八掌"和期权实战"经典十招"，这是笔者在期权实战交易中总结出来的经验和技巧，让投资者能在书本中学经验，而不是去市场中"交学费"学经验。

　　希望本书能让读者轻松掌握期权这个投资工具，在实战交易中根据不同的行情使出"九种武器"或"经典十招"，并在交易中修炼"降龙十八掌"，时刻敬畏期权市场，注意风险，谨慎前行。

　　本书在编写过程中得到了好朋友侯方明、刘俊、郑珍智、尹呈祥、刘建平等人的支持，他们对本书提出了宝贵意见并参与部分内容的编写，在此表示衷心的感谢。由于编写本书的时间比较仓促，加之笔者水平有限，书中难免出现错误和不足之处，敬请读者批评指正，笔者万分感激。

　　本书体系：

　　全书总共 7 章，可将其分为四篇：第 1 篇为期权基础篇（第 1 章），第 2 篇为期权实战篇（第 2 章和第 3 章），第 3 篇为期权策略篇（第 4 章），第 4 篇为期权技巧篇（第 5 章、第 6 章和第 7 章）。

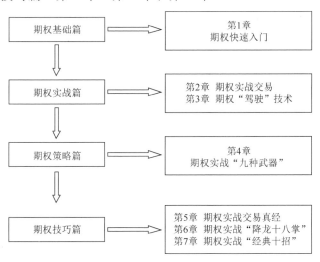

　　本书特色：

　　★　实战性：本书以实战交易思路编写，用实盘交易数据举例，借鉴期权实战培训课程中的一些经验和方法，内容更加贴近市场。

★ 形象化：本书用形象的比喻，把期权交易比喻为开车，用"九种武器"形象地介绍九种期权策略。

★ 系统化：本书以实战交易为主线，首先介绍期权的基础知识，再介绍期权的四个交易方向，接着介绍建仓单个期权交易方向后如何根据行情的变化进行相应操作，然后介绍九种常用的期权交易策略，最后介绍期权实战交易真经、"降龙十八掌"和"经典十招"，由浅入深，层层展开。

★ 通俗性：本书尽量避开实战交易中用不到的复杂公式和枯燥的理论，用通俗易懂的语言，让读者轻松学会并学以致用。

目　录

第1篇　期权基础篇

第 1 章

1

期权快速入门

期权虽然是个功能很强大的金融衍生品，但是期权的理论知识很复杂和枯燥。我们作为期权实战派，时刻在期权市场中交易，清楚地知道哪些知识需要掌握，哪些知识只要有个印象即可，不必死记硬背。下面，我们将用通俗易懂的语言带大家快速入门，轻松地学会期权交易。

1.1　期权概述

期权究竟是什么？你接触过期权吗？我们带着这两个问题开始学习期权。这一节除解答这两个问题外，还会介绍期权的行权价间距、期权合约如何加挂和期权的交易时间。

1.1.1　什么是期权

期权，又称为选择权，是交易双方关于买卖标的物权利未来达成的合约。展开来说，期权的买方（权利方）通过向卖方（义务方）支付一定的费用（权利金），获得一种权利，即有权在约定的时间以约定的价格向期权卖方买入或卖出约定数量的特定股票、期货合约或股票指数。当然，买方也可以选择放弃行使权利。如果买方决定行使权利，卖方就有义务配合。

接下来我们来解释几个关键名词。

1. 标的物

标的物即期权交易的对象资产，可以是股票现货，也可以是期货合约或股票指数，比如上证 50ETF 期权的标的物是上证 50ETF 股票（代码510050），豆粕期货期权的标的物是豆粕期货合约，白糖期货期权的标的物是白糖期货合约，铜期货期权的标的物是铜期货合约，碳酸锂期货期权的标的物是碳酸锂期货合约，沪深 300 指数期权的标的物为沪深 300 指数等。

截止到 2025 年 2 月，我国将有几十个期权品种，分为三大类，具体如下。

股票期权：上证 50ETF 期权、华泰沪深 300ETF 期权、南方中证 500ETF 期权、嘉实沪深 300ETF 期权、嘉实中证 500ETF 期权、易方达创业板 ETF 期权和科创板 50ETF 期权。

商品期货期权：豆粕期货期权、玉米期货期权、铁矿石期货期权、液化石油气期货期权、聚丙烯期货期权、聚氯乙烯期货期权、线型低密度聚乙烯期货期权、棕榈油期货期权、黄大豆 1 号期货期权、黄大豆 2 号期货期权、豆油期货期权、白糖期货期权、棉花期货期权、PTA 期货期权、甲醇期货期权、菜籽粕期货期权、动力煤期货期权、菜籽油期货期权、花生期货期权、铜期货期权、橡胶期货期权、黄金期货期权、氧化铝期货期权、原油期货期权、碳酸锂期货期权、原木期货期权等。

指数期权：沪深 300 指数期权、中证 1000 指数期权和上证 50 指数期权。

2. 行权价

行权价也叫作执行价，是期权交易中事先约定好的买入标的物的价格或出售标的物的价格，如图 1-1 所示。行权价是期权买方决定是否要行使权利的依据，当标的物的价格大于行权价时，持有认购期权的投资者会行使权利；当标的物的价格小于行权价时，持有认沽期权的投资者会行使权利。期权的买方只有在价格对自己有利时才会考虑行权，否则就放弃行权。

图 1-1

3．到期日

到期日指事先约定的时间，可以是特定的日期或者特定的一段时间的最后一天。到期日一过，期权的价值就会全部丧失，投资者也就不能行使任何权利了。

4．权利金

书面上的权利金是指期权的买方为了获得权利所付出的费用，而在交易层面上，这个权利金就是期权的价格，类似于股票的价格，交易的盈亏就看权利金价格的高低，低买高卖就是盈利，高买低卖就是亏损，公式如下。

期权的价格（权利金）＝内在价值＋时间价值（外在价值）

内在价值是指假如期权权利方立即行权时该期权的价值，其只能为正数或零。只有实值期权才具有内在价值，平值期权和虚值期权都不具有内在价值。实值认购期权的内在价值等于当前标的物的价格减去该期权合约的行权价，实值认沽期权的内在价值等于该期权合约的行权价减去标的物的价格。

时间价值，也称外在价值，是指期权合约的购买者为购买期权而支付的权利金超过期权内在价值的那部分价值。期权的有效期越长，对于期权的买方来说，其获利的可能性就越大，时间价值就越高；而对于期权的卖方来说，其需要承担的风险就越大，卖出期权所要求的权利金也就越多，而买方也愿意支付更多权利金以拥有更多盈利机会。也就是说期权剩余的有效时间越长，其时间价值就越高；剩余的有效时间越短，其时间价值就越低。时间价值只能通过公式推算出来，即时间价值=期权的权利金-内在价值。

1.1.2　生活中的期权

假设小旭正打算购买一座标价为 100 万元的小户型房子，他认为该房子的价格目前来看非常合理，同时想再看看其他地段的房子，但又担心房价会突然上升，因此他希望可以把房子的价格锁定在 100 万元。经过与房主协商，房主同意跟他签署一份协议，约定房主为他保留房子 3 个月。在此期间，不允许其他人购买，不论其他人出价多高，小旭都可以在 3 个月后以 100 万元的价格向房主购买。为此，小旭支付房主 1 万元定金，无论其是否购买，1 万元的定金都不予退还。

通过该合约，小旭拥有在 3 个月后以 100 万元价格购买该房子的权利。假设到时房价下跌，他可以选择放弃买房，不必承担房价下跌的损失。小旭以 1 万元的定金锁定了购房价，规避了房价波动的风险。3 个月后的真实情况是，房子涨到 120 万元，小旭行使该权利，用 100 万元买到市值为 120 万元的房子。

购房后小旭还担心火灾等灾害风险，所以他支付了 1000 元从保险公司买了一份保险，如果 1 年之内房子发生火灾，那么保险公司要赔偿小旭 120 万元。

以上例子中的"定金"和"保险"，本质上都是期权。期权就是利用一小笔费用，锁定未来买入或卖出标的物的权利。其实"期权"距离我们并不遥远，在我们日常生活中随处可见其"影子"，比如彩票、电影票和月饼票等。

1.1.3　什么是行权价间距

行权价间距是交易所事先设定的两个相邻行权价的差值。不同期权品种的行权价间距不同，甚至差别很大，下面列举几个期权品种的行权价间距供大家参考。

上交所 50ETF 期权行权价间距如表 1-1 所示。

表 1-1

行权价（元）	间距（元）
3 或以下	0.05
3～5（含）	0.1
5～10（含）	0.25
10～20（含）	0.5
20～50（含）	1.0
50～100（含）	2.5
100 以上	5.0

大商所豆粕期货期权行权价间距如表 1-2 所示。

表 1-2

行权价（元）	间距（元）
2000 或以下	25
2000～5000（含）	50
5000 以上	100

郑商所白糖期货期权行权价间距如表 1-3 所示。

表 1-3

行权价（元）	间距（元）
3000 或以下	50
3000～10 000（含）	100
10 000 以上	200

上期所铜期货期权行权价间距如表 1-4 所示。

表 1-4

行权价（元）	间距（元）
4000 或以下	500
4000～80 000（含）	1000
80 000 以上	2000

上海国际能源交易中心原油期货期权行权价间距如表 1-5 所示。

表 1-5

行权价（元）	间距（元）
250 或以下	2
250～500（含）	5
500 以上	10

中金所中证 1000 股指期权行权价间距如表 1-6 所示。

表 1-6

行权价（点）	间距（点）
2500 或以下	25
2500～5000（含）	50
5000～10 000（含）	100
10 000 以上	200

深交所创业板 ETF 期权行权价间距如表 1-7 所示。

表 1-7

行权价（元）	间距（元）
3 或以下	0.05
3～5（含）	0.1
5～10（含）	0.25
10～20（含）	0.5
20～50（含）	1.0
50～100（含）	2.5
100 以上	5.0

1.1.4　期权合约加挂

期权合约加挂分为到期加挂、波动加挂、调整加挂。

1．到期加挂

当月合约到期被摘牌后，需要挂牌新月份合约。

2．波动加挂

在合约存续期间，当与标的物收盘价靠档价相比，不能满足初始行权价合约要求时，都需要在下一交易日按行权价间距依序增挂新行权价合约，直至满足初始行权价合约规定的标准，具体如下。

上交所和深交所的期权品种的初始行权价按 1 个平值期权合约、4 个实值期权合约和 4 个虚值期权合约挂出，在期权合约存续期间，标的物收盘价与行权价靠档价相比，如果期权实值合约或虚值合约少于 4 个，则需要在下一交易日按行权价间距依序加挂新行权价合约，直至实值或虚值合约数为 4 个为止。

中国金融期货交易所（简称中金所）的期权品种的初始行权价按覆盖股指上一交易日收盘价上下浮动 10%对应的价格范围挂出，在期权合约存续期间，标的物收盘价与行权价靠档价相比，如果期权行权价无法覆盖股指上一交易日收盘价上下浮动 10%对应的价格范围对应的行权价，则需要在下一交易日按覆盖股指上一交易日收盘价上下浮动 10%对应的价格范围加挂新的行权价合约。

大连商品交易所（简称大商所）、郑州商品交易所（简称郑商所）、上海期货交易所（简称上期所）、广州期货交易所（简称广期所）和上海国际能源交易中心（简称上能中心）的期权品种的初始行权价，按覆盖期货合约上一交易日结算价上下浮动 1.5 倍当日涨跌停板幅度对应的价格范围挂出，在期权合约存续期间，标的物收盘价与行权价靠档价相比，如果期权行权价无法覆盖期货合约上一交易日结算价上下浮动 1.5 倍当日涨跌停板幅度对应的行权价，则需要在下一交易日按覆盖期货合约上一交易日结算价上下浮动 1.5 倍当日涨跌停板幅度对应的价格范围加挂新的行权价合约。

3．调整加挂

当股票 ETF 基金除权除息时，除对原合约进行调整外，还将按照股票 ETF 基金除权除息后的价格新挂合约，所需新挂的合约包括认购期权和认沽期权，4 个到期月份，9 个行权价（包括 1 个平值期权、4 个实值期权、4 个虚值期权）组合，共 72 个合约。而期货期权没有涉及标的除权除息，所以不存在调整加挂的情况。

1.1.5 期权的交易时间

上交所和深交所期权市场的交易时间为每个交易日的 9:15—9:25、9:30—

11:30、13:00—15:00。其中，9:15—9:25 为开盘集合竞价时间，9:30—11:30、13:00—15:00 为连续竞价时间，以及交易所规定的其他交易时间。股票期权目前没有夜盘交易时间。

大商所、郑商所、上期所、广期所和上能中心的商品期货期权市场的交易时间为每个交易日的 9:00—11:30、13:30—15:00，以及交易所规定的其他交易时间，若遇法定节假日可顺延。目前每个商品期货期权的交易时间都跟期权合约对应的标的的交易时间一致，大部分商品期货期权都有夜盘交易时间。

中金所的股指期权市场的交易时间为每个交易日的 9:30—11:30、13:30—15:00，以及交易所规定的其他交易时间，若遇法定节假日则顺延。股指期权目前没有夜盘交易时间。

1.2　期权的命名规则

目前，我国的期权命名规则有以下两种格式。

格式 1：期权的名称=品种+认购/认沽期权+月份+行权价

格式 2：期权的名称=品种+月份+看涨/看跌期权+行权价

品种可以是股票名称，也可以是期货合约名称，比如"上证 50ETF""SR"或"M"。

月份可以单独用月份表示，比如"4 月"，也可以用年月表示，比如"2502"。目前国外已经出现了以周为单位的期权，而我国只有以月份为单位的期权。

看涨期权用 C 表示，C 为看涨期权英文 CALL 的首字母；看跌期权用 P 表示，P 为看跌期权英文 PUT 的首字母。

行权价一般不超过 5 位数，比如"2950"或"52000"。

例如，上证 50ETF 购 4 月 2950，表示品种为上证 50ETF，4 月份到期，行权价为 2.95 元/股的认购期权。

再如，M2501-P-3000，表示品种为 2025 年 1 月的豆粕期货合约，1 月份到期，行权价为 3000 元/吨的看跌期权。

1.3　期权的分类

根据不同的标准，期权可以分为很多类型，下面为大家介绍几种比较常见的。

1.3.1　根据标的资产类别分类

根据标的资产类别的不同，期权可以分为股票期权、商品期货期权、股指期权、利率期权、外汇期权等。

（1）股票期权，是指买方在交付了期权费后即取得在合约规定的到期日或到期日以前，按协议价买入或卖出一定数量相关股票的权利。目前我国市场上有上证 50ETF 期权、沪深 300ETF 期权、中证 500ETF 期权、创业板 ETF 期权和科创板 50ETF 期权等股票期权。

（2）商品期货期权，是指在期权到期日或到期之前，以协议价格购买或卖出一定数量的特定商品或资产的期货合约。商品期货期权的基础是商品期货合约，商品期货期权合约实施时要求交易的并不是期货合约所代表的商品，而是期货合约本身。目前我国市场上有豆粕期货期权、白糖期货期权、铜期货期权、PTA 期货期权、铁矿石期货期权、黄金期货期权、原油期货期权和工业硅期货期权等。

（3）股指期权，是在股票指数期货合约的基础上产生的，期权买方付给期权卖方一笔期权费，以取得在未来某个时间或该时间之前，以约定价格买进或卖出某种股票指数合约的选择权。目前我国市场上有上证 50 指数期权、沪深 300 指数期权和中证 1000 指数期权等。

（4）利率期权，是指买方在支付了期权费后即取得在合约有效期内或到期时以一定的利率（价格）买入或卖出一定面额的利率工具的权利。它是一种与利率变化挂钩的期权，到期时以现金或者与利率相关的合约（如利率期货、利率远期、政府债券）进行结算。目前我国投资市场还没有推出利率期权。

（5）外汇期权，又称货币期权，是指合约买方在向卖方支付一定期权费后，所获得的在未来约定日期或一定时间内，按照规定汇率买进或者卖出一定数量外汇资产的选择权。外汇期权买卖是一种交易方式，也是原有的几种外汇保值方式的发展和补充。它既为客户提供了外汇保值的方法，又为客户提供了从汇率变动中获利的机会，具有较大的灵活性。目前我国投资市场上还没有推出外汇期权。

1.3.2　根据期权买方的权利分类

根据期权买方的权利不同，期权可以分为认购期权（看涨期权）和认沽期权（看跌期权）。

（1）认购期权（看涨期权），是指期权的买方（权利方）有权在约定时间以约定价格从卖方（义务方）手中买进一定数量的标的资产，买方享有的买入标的物选择权。

（2）认沽期权（看跌期权），是指期权的买方（权利方）有权在约定时间以约定价格将一定数量的标的资产卖给期权的卖方（义务方），买方享有的卖出标的物的选择权。

一般在股票期权中使用认购期权和认沽期权，而在商品期货期权中使用看涨期权和看跌期权。

例如：小旭买入一份行权价为 2.95 元的上证 50ETF 认购期权，当合约到期时，无论该股票市场价格是多少，小旭都可以以 2.95 元/股的价格买入相应数量的该股票。当然，如果合约到期时该股票的市场价格跌到 2.95 元/股以下，那么小旭可以放弃行权，从而损失已经支付的权利金。

1.3.3　根据期权买方执行期权的时限分类

根据期权买方执行期权的时限不同，期权分为欧式期权和美式期权。

（1）欧式期权，是指期权买方只能在期权到期日行权的期权。过了这个时间，再有价值的期权都会自动失效、作废。

（2）美式期权，是指期权买方可以在期权到期前任一交易日或到期日行权的期权。相比而言，美式期权比欧式期权更为灵活，赋予买方更多的选择，而卖方则时刻面临着被行权的风险，因此，美式期权的权利金相对较高。

目前我国投资市场上，上交所、深交所和中金所的期权品种都为欧式期权，而大商所、郑商所、上期所、广期所和上能中心的商品期货期权都为美式期权。

1.3.4 根据行权价与标的物现价的关系分类

根据行权价与标的物现价的关系不同，期权分为实值期权、平值期权和虚值期权。

（1）实值期权，也称价内期权，实值期权中认购期权的行权价低于标的物的市场价格，或者认沽期权的行权价格高于标的物的市场价格。也可以这样理解，不管是认购期权还是认沽期权，只要标的物的市场价格比平值期权的权利金高就都是实值期权。

（2）平值期权，也称价平期权，平值期权的行权价等于或接近标的物的市场价格。

（3）虚值期权，也称价外期权，虚值期权中认购期权的行权价高于标的物的市场价格，或者认沽期权的行权价低于标的物的市场价格。也可以这样理解，不管是认购期权还是认沽期权，只要标的物的市场价格比平值期权的权利金低就都是虚值期权。

例如：上证 50ETF 的现价为 3.106 元，对于行权价为 3.10 元的认购期权和行权价为 3.10 元的认沽期权来说为平值期权；对于行权价为 3.10 元以下的认购期权和行权价为 3.10 元以上的认沽期权来说为实值期权；对于行权价为 3.10 元以上的认购期权和行权价为 3.10 元以下的认沽期权来说为虚值期权，如图 1-2 所示。

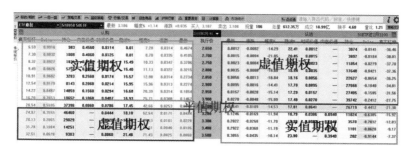

图 1-2

1.4　期权的合约要素

期权的合约要素如表 1-8 所示。

表 1-8

合约要素	内　　容
合约标的	期权交易的对象资产，可以是现货，也可以是期货合约
合约类型	指期权所包含权利的性质，分为认购期权（看涨期权）和认沽期权（看跌期权），认购期权是买入资产的权利，认沽期权是卖出资产的权利
权利金	指期权合约的市场价格，期权权利方将权利金支付给期权义务方，以此获得期权合约所赋予的权利
行权价	也叫作执行价，是期权交易中事先约定好的买入标的物的价格或出售标的物的价格，也是期权买方决定是否要行使权利的依据
到期日	是合约有效期截止的日期，也是期权买方可行使权利的最后日期。合约到期后自动失效，期权买方不再享有权利，期权卖方不再承担义务
交割方式	是指交易双方采取的结算方式，分为实物交割、现金交割和期货合约交割
合约单位	是一张期权合约对应的合约标的物的数量

1.4.1　合约标的

上证 50ETF 期权的标的物为现货上证 50ETF，豆粕期货期权、白糖期货期权和铜期货期权的标的物分别为对应月份的豆粕期货合约、白糖期货合约和铜期货合约，沪深 300 指数期权的标的物为沪深 300 指数。

1.4.2　合约类型

股票期权分为认购期权和认沽期权，而商品期货期权和股指期权分为看涨期权和看跌期权。

1.4.3 权利金

权利金是期权的价格，是交易者在市场中交易的对象。交易 1 张期权合约的交易金额=期权合约的价格×合约单位；交易 1 张上证 50ETF 期权合约的交易金额=期权合约的价格×10 000；交易 1 张豆粕或白糖期货期权合约的交易金额=期权合约的价格×10，交易 1 张指数期权合约的交易金额=期权合约的价格×100，交易 1 张黄金期货期权合约的交易金额=期权合约的价格×1000。

例如，2024 年 11 月 1 日上证 50ETF 购 11 月 2750 的价格为 0.0912 元/张，交易 1 张上证 50ETF 购 11 月 2750 的交易金额=0.0912×10 000=912.0 元。2024 年 11 月 4 日豆粕期货期权 M2501-C-2900 的价格为 120.0 元/张，交易 1 手豆粕期货期权 M2501-C-2900 的交易金额=120.0×10=1200.0 元。

1.4.4 行权价

关于行权价的原则与 1.1.4 节期权合约加挂中的波动加挂原则一致，因为比较重要，所以再叙述并强调一下。

上交所和深交所的期权品种的初始行权价按 1 个平值期权合约、4 个实值期权合约和 4 个虚值期权合约挂出，在期权合约存续期间，随着期权标的价格的变动，会加挂新的行权价合约。

大商所、郑商所、上期所、广期所和上能中心的期权品种的初始行权价，按覆盖期货合约上一交易日结算价上下浮动 1.5 倍当日涨跌停板幅度对应的价格范围挂出，在期权合约存续期间，随着期权标的价格的变动，会加挂新的行权价合约。

中金所的期权品种的初始行权价按覆盖股指上一交易日收盘价上下浮动 10%对应的价格范围挂出，在期权合约存续期间，随着期权标的价格的变动，会加挂新的行权价合约。

1.4.5 到期日

上交所和深交所的股票期权合约的到期日是每个月的第 4 个星期三（若遇法定节假日则顺延）。

中金所的股指期权合约的到期日是每个月的第 3 个星期五（若遇法定节假日则顺延）。

大商所的商品期货期权合约的到期日是对应的期货合约交割月份前一个月的第 12 个交易日，以及交易所规定的其他日期。

郑商所的商品期货期权合约的到期日是对应的期货合约交割月份前一个月第 15 个日历日（含该日）之前的倒数第 3 个交易日，或对应的期货合约交割月份前两个月最后一个日历日（含该日）之前的倒数第 3 个交易日，以及交易所规定的其他日期。

上期所的商品期货期权合约的到期日是对应的期货合约交割月份前一个月的倒数第 5 个交易日，以及交易所规定的其他日期。

上能中心的商品期货期权合约的到期日是对应的期货合约交割月份前一个月的倒数第 13 个交易日，以及交易所规定的其他日期。

广期所的商品期货期权合约的到期日是对应的期货合约交割月份前一个月的第 5 个交易日，以及交易所规定的其他日期。

如果到期日有变动，则以交易所最新公布的为主。

1.4.6　交割方式

股票期权（如上证 50ETF 和沪深 300ETF 期权）的交割方式为对应的股票现货（如上证 50ETF 股票和沪深 300ETF 股票）交割；商品期货期权（如豆粕期货期权、原油期货期权和工业硅期货期权）的交割方式为对应的商品期货合约交割；指数期权（如沪深 300 指数期权）的交割方式为对应的指数点数轧差现金交割。

1.4.7　合约单位

股票期权的合约单位为 10 000 股/张，例如 1 张上证 50ETF 期权合约对应 10 000 股上证 50ETF 股票。

商品期货期权的合约单位是指每 1 份期权合约所代表的标的商品的数量，比如 1 张豆粕、白糖期货期权合约对应的合约单位是 10 吨/张，原油期货期权合约对应的合约单位是 1000 桶/张，1 张黄金期货期权合约对应的合约单位是 1000 克/张。

股指期权的合约单位为 100 元/点，比如 1 张中证 1000 指数期权的合约单位为 100 元/点。

1.5　期权价格的影响因素

期权价格的影响因素一共有 6 个，其中有 4 个主要因素，2 个次要因素，如图 1-3 所示。

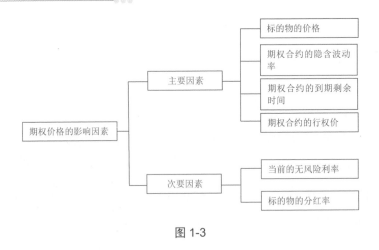

图 1-3

1.5.1　标的物的价格

标的物的价格是影响期权价格的最重要因素，也是最直观和最容易被理解的，在其他因素不变的情况下，若合约标的物价格上涨，则认购期权（看涨期权）价格上涨，而认沽期权（看跌期权）价格下跌；若合约标的物价格下跌，则认购期权（看涨期权）价格下跌，而认沽期权（看跌期权）价格上涨。

1.5.2　期权合约的隐含波动率

期权合约的隐含波动率反映了投资者对未来标的物波动率的预期，它是把期权的价格代入期权定价模型（即 Black Scholes，简称 BS 模型）中计算出来的。期权定价模型给出了期权价格与 5 个基本参数（标的物价格、行权价、无风险利率、到期剩余时间、隐含波动率）之间的定量关系，只要将其中 4 个基本参数及期权的实际市场价格作为已知量代入定价公式，就可以从中解出唯一的未知量。

一般来说，隐含波动率并不是无限上涨或下跌的，而是在一个区间内来回震荡的。期权合约（不管是认购期权合约还是认沽期权合约）的隐含波动率越高，该期权合约的权利金就越高；期权合约的隐含波动率越低，该期权合约的权利金就越低。

标的物的波动率是指标的物价格的波动程度，是期权定价模型中最重要的变量。如果我们改变价格波动率的假设，或市场对于价格波动率的看法发生了变化，那么期权的价值就会受到显著的影响。

在其他因素不变的情况下，标的物价格的波动提高了期权向实值方向转化的可能性，权利金也会相应增加，而且标的物价格波幅越大，期权权利金就越高。因为标的物价格波动越大，风险也越大，购买期权保险的需求就越大，而且标的物价格反复波动，会提高其价格趋势逆转的可能性和变成有行使权利价值的期权的机会，致使期权买方更乐于接受期权卖方所提出的更高的期权价格。而期权卖方因市场风险增大，除非能得到满意的较高价格，否则卖方就不肯卖出期权来承担市场风险。

1.5.3　期权合约的到期剩余时间

对于期权合约来说，时间就等同于获利的机会。在其他因素不变的情况下，期权合约到期剩余时间越长，其时间价值就越大，期权合约的权利金也越大。对于期权买方来说，有效期越长，选择的余地越大，标的物价格向买方所期望的方向变动的可能性就越大，买方行使期权的机会就越多，获利的可能性也就越大。反之，期权合约到期剩余时间越短，期权合约的时间价值就越小，期权合约的权利金也越小。因为时间越短，标的物价格出现大的波动，尤其是价格变动发生逆转的可能性越小，到期时期权合约就失去了任何时间价值。

1.5.4　期权合约的行权价

对于认购期权合约，行权价越低，期权价格就越高，行权价越高，期权价格就越低；对于认沽期权合约，行权价越高，期权价格就越高，行权价越低，期权价格就越低。

1.5.5　当前的无风险利率

在其他因素不变的情况下，无风险利率越高，认购期权的价格就越高，认沽期权的价格就越低；无风险利率越低，认购期权的价格就越低，认沽期权的价格就越高。

1.5.6　标的物的分红率

如果标的股票在发生分红时不对行权价做相应调整，那么标的股票分红会导致期权价格的变化。具体来说，标的股票分红的增加会导致认购期权的价格下跌和认沽期权的价格上涨；标的股票分红的减少会导致认购期权的价格上涨，而认沽期权的价格下跌。期权价格的影响因素如表 1-9 所示。

表 1-9

影响因素	认购期权的价格	认沽期权的价格
标的物价格↑	↑	↓
期权合约的隐含波动率↑	↑	↑
期权合约的到期剩余时间↑	↑	↑
期权合约的行权价↑	↓	↑
当前的无风险利率↑	↑	↓
标的物的分红率↑	↓	↑

1.6　期权的魅力

期权的魅力表现在 5 个方面，下面简单介绍一下。

1.6.1　不用"看天吃饭"

做期权不用"看天吃饭"是说不管市场是上涨/下跌的趋势行情，还是让人难受的横盘震荡行情，期权都有相应的策略来应对，且都有获利的机会，只要根据不同的行情选择不同的期权策略就可以了。

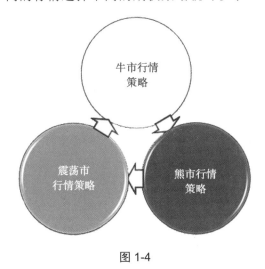

图 1-4

1. 牛市行情策略

牛市行情策略如图 1-5 所示。

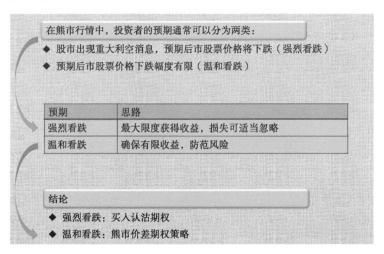

图 1-5

2．熊市行情策略

熊市行情策略如图 1-6 所示。

图 1-6

3．横盘震荡和突破之间的转换策略

横盘震荡和突破之间的转换策略如图 1-7 所示。

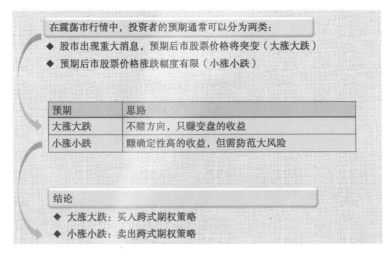

图 1-7

　　从图 1-5～图 1-7 可以看出，不管市场是什么行情，期权都有相应的策略来应对，哪怕是横盘震荡也可以用期权来盈利。不同的行情对应的不同组合策略如图 1-8 所示。

不同行情	不同组合策略	示意图
强烈看涨	合成期货多头	
温和看涨	牛市价差期权	
强烈看跌	合成期货空头	
温和看跌	熊市价差期权	
行情不明，股价波动率大	买入跨式期权	
行情不明，股价波动率小	卖出跨式期权/蝶式期权	

图 1-8

1.6.2　多维度的获利途径

　　期权之所以有多种获利途径，是因为期权价格有多个影响因素，而不像股票和期货那样，只有一个主要影响因素。图 1-9 是期权价格的几个影响因素。

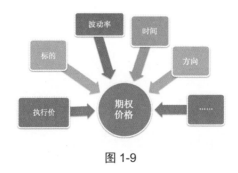

图 1-9

其中有以下 3 个因素是起关键作用的，所以可以通过对这 3 个因素的分析判断来获利。

（1）标的物的方向。

（2）期权合约的隐含波动率。

（3）期权合约的到期剩余时间。

通常情况下标的物的方向是最难判断的，所以我们可以通过最简单的赚取时间价值来获利，这基本不用怎么花精力去判断，所以收益率相对比较低。当隐含波动率相对较低时，则考虑做多隐含波动率，当隐含波动率相对较高时，则考虑做空隐含波动率，这样获得的收益是比较可观的。而且判断波隐含动率比判断标的物方向容易，所以期权不一定要通过判断标的物的方向来获利，还可以通过多个途径来获利，给投资者更多的选择。

1.6.3　多样化的策略

因为期权有几个交易方向，并且是非线性对冲的，所以可以组合出多种策略。从简单的 4 个单腿策略，到两腿的组合策略，再到多腿的复杂策略，能够组合出几百种策略，所以期权能满足各种各样风险偏好的投资者，从低风险到高风险都可以，如图 1-10 所示。换句话说，投资者的每一种预期，都有一种期权策略可以满足。

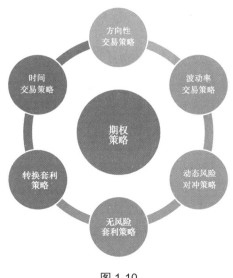

图 1-10

从图 1-10 我们可以看到期权有六大类策略，每个大类又有很多种策略，接下来我们简单介绍一些比较常用的策略。

简单策略：买入开仓认购期权、买入开仓认沽期权、卖出开仓认购期权、卖出开仓认沽期权等。

组合策略：牛市价差策略、熊市价差策略、买入跨式期权策略、卖出跨式期权策略、日历价差策略、比率组合策略等。

复杂策略：领口策略、蝶式套利策略、铁鹰式策略等。

1.6.4 非线性对冲

非线性对冲即做多+做空≠0。在股票或者期货市场，如果持有多单，再开对应标的物的空单，就相当于平仓该多单，对冲效果等于 0。但是在期权市场可以出现对冲不等于平仓的效果，因为期权每一个方向的盈亏线都不是一条直线，而是有一个折角的盈亏线。

4 种基本股票期权的到期日盈亏情况，如图 1-11 所示。

两个期权交易方向加起来就不会完全对冲，但两个期权交易方向加起来可以有很多种组合，也就能构成很多种期权策略，让你有更多的选择。

从图 1-11 中的 4 个期权交易方向可以看出，期权的买方风险有限但收益无限，这也是期权吸引人的一个地方，可以让投资者承担有限的亏损，享受无限的收益。

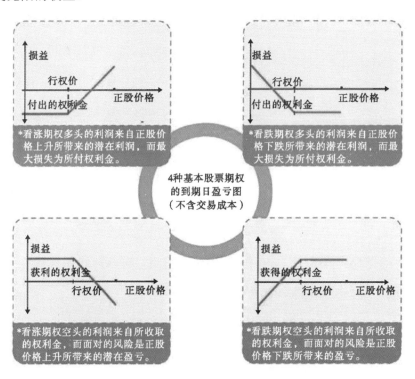

图 1-11

1.6.5　以小博大

　　期权的杠杆非常高，有时甚至高得让人难以置信。我们先来说一说彩票。在彩票市场，我们可以花 2 元钱去买彩票，运气好的话可以中 1 万元，甚至 500 万元，这是多么高的杠杆啊！我们以 2 元中 1 万元为例，获利的倍数是 5000 倍。那么期权市场中的收益也能达到这样的倍数吗？我们知道如此高的收益率在股票市场和期货市场是根本不可能实现的，但是在期权市场就有这个可能性。在 2015 年股市大跌期间，有一个期权合约上证 50ETF 沽 8 月 2750 在短短的两个月的时间里获利约 9200 倍，从 0.0001 元上涨到最高 1.087 元，如图 1-12 所示。

图 1-12

　　如果觉得两个月的时间太长，那么我们来看另一个期权合约（上证50ETF 沽 2200）当天的涨幅。如图 1-13 所示，2016 年 7 月 27 日，期权合约价从当天的最低点涨到最高点，足足涨了 229 倍，如果按前一天的收盘价跟当天的最高价来算也上涨了约 37 倍。这个涨幅在股票市场和期货市场都是看不到的，只有在期权市场才能偶尔看到。

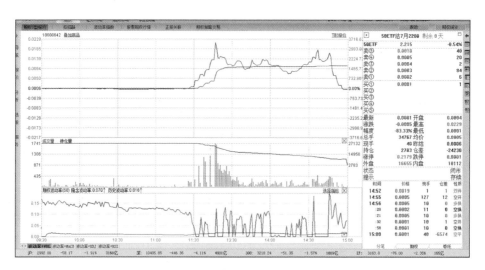

图 1-13

但是戏剧性的是，随着行情出现反弹，这个期权合约上证 50ETF 沽 7 月 2200 最后没有上涨约 37 倍，反而跌了大约 83.3%，真是一念天堂一念地狱。期权合约正常的波动幅度是涨跌 20%，并不经常有这种一天可以上涨 229 倍的机会。所以投机要有的放矢，不能天天想着赚几十倍，这样注定最终会因为亏损而离开期权市场。

我们可以把期权理解为彩票，如果出现"黑天鹅"事件，那么一天的收益率就可以达到几十倍，比如美国大选等，这种没有按照大家的预期发展的事件就有机会让我们一天赚很多，期权给我们提供了一个利用"黑天鹅"的机会，而不是让人对"黑天鹅"敬而远之。

1.7 期权的风险

期权交易不同于股票、期货，其具有特定的风险，可能发生巨额损失，投资者在决定参与期权交易之前，应当充分了解其风险。

1.7.1　杠杆风险

期权交易采用保证金交易的方式，投资者的潜在损失和收益都可能被成倍放大，尤其是卖出开仓期权的投资者面临的损失总额可能超过其支付的全部初始保证金以及追加的保证金，具有杠杆风险。

1.7.2　价格波动的风险

投资者在参与期权交易时，应当关注标的物在市场上的价格波动、期权的价格波动、其他市场风险以及可能造成的损失。比如，期权卖方要承担实际行权交割的义务，那么价格波动导致的损失可能远大于其收取的权利金。

1.7.3　期权无法平仓的风险

投资者应当关注期权合约可能难以平仓或无法平仓的风险，及其可能造成的损失。比如，当市场上的交易量不足或者没有办法在市场上找到合理的交易价格时，投资者作为期权合约的持有者可能面临无法平仓的风险。

1.7.4　合约到期权利失效的风险

投资者应当关注期权合约的最后交易日。如果期权的买方在合约最后交易日没有行权，那么，由于期权价值在到期后将归零，合约权利将失效，所以投资者应关注合约在到期日当天是否行权。如果没有行权，则期权买方可能会损失掉付出的所有权利金以及可能获得的收益。

1.7.5　期权交易被停牌的风险

投资者应当关注期权交易在出现异常波动或者涉嫌违法违规等情形时，可能被停牌的风险。

上述内容仅为投资者学习而列举的若干风险，尚未涵盖投资者参与投资时可能出现的所有投资风险。

第 2 篇　期权实战篇

第 2 章

2

期权实战交易

2.1 期权的交易流程

期权的交易流程与股票和期货差不多，大致包括开户、交易和了结 3 个步骤，下面我们简单介绍一下。

2.1.1 开户

申请开通期权交易的投资者，需要在证券公司开立一个股票期权交易账户。如果在期货公司开立过期货交易账户，则只需要开通期权交易权限，就可以交易商品期货期权、股票期权或股指期权了，最新的开户条件请咨询证券公司或期货公司。

1. 股票期权开户条件

期权投资具有一定的专业性，所以期权的开户门槛比较高，上交所和深交所为参与股票期权投资设置了条件。参与股票期权交易的个人投资者，需满足以下 6 项开户条件。

（1）投资者在申请开户前，证券账户前 20 个交易日日均资产必须大于 50 万元人民币；开户时，证券账户持有的证券市值和现金之和必须大于 50 万元人民币。这其中通过融资融券融入的证券和现金不能算在内。

（2）投资者在任何一家券商开 A 股账户的时间在 6 个月以上，并且具备融资融券业务资格（已经销户的不算），或者具备金融期货交易经历，或者在期货公司开户 6 个月以上，并且具备金融期货交易经历。

（3）通过交易所举办的期权知识测试。测试可以通过两种方式进行：第一种是在营业部参加上交所平台测试；第二种是参加上交所每年举行的"期权讲堂"活动的当堂测试。

（4）参加过期权模拟交易。投资者开立真实账户前应在全真模拟交易系统完成至少 1 笔备兑开仓和备兑平仓、认购期权的买入开仓和卖出平仓、认购期权的卖出开仓和买入平仓、认沽期权的买入开仓和卖出平仓、认沽期权的卖出开仓和买入平仓、认购期权的行权、认沽期权的行权交易。

（5）具有相应的风险承受能力，风险承受能力等级为"积极型"。

（6）无严重不良诚信记录，没有法律、法规及交易所规则禁止从事期权交易的情况。

机构投资者的开户条件与个人不同，在开户前需要提前与证券公司沟通。

2. 商品期货期权开户条件

大商所、郑商所、上期所、广期所和上能中心为商品期货期权设置了参与条件，投资者开立商品期货期权账户必须具备以下条件。

自然人：

（1）开通期权交易权限前 5 个交易日结算后，保证金账户可用资金余额不低于 10 万元人民币。

（2）具备期货期权知识，通过交易所认可的知识测试。

（3）具有交易所认可的累积 10 个交易日、20 笔及以上的仿真交易经历。

（4）具有交易所认可的期权仿真交易行权经历。

另外，大商所、郑商所、上期所、广期所和上能中心认可当投资者满足具有最近 3 年内股票期权真实交易记录或商品期权真实交易记录时，在开通商品期权交易权限后，可免除有关可用资金、知识测试、期权仿真交易成交和行权记录的要求。

一般法人：

（1）开通期权交易权限前 5 个交易日结算后，保证金账户可用资金余额不低于 10 万元人民币。

（2）具备商品期货期权知识，通过交易所认可的知识测试。

（3）具有交易所认可的累积 10 个交易日、20 笔及以上的仿真交易经历。

（4）具有交易所认可的期权仿真交易行权经历。

（5）具有参与期权的内部控制、风险管理等相关制度。

3．股指期权开户条件

中金所为股指期权设置了参与条件，投资者开立股指期权账户必须具备以下条件。

（1）申请日前连续 5 个交易日每日结算后，期货账户可用资金余额不低于 50 万元人民币。

（2）参与期货交易基础知识测试，且测试分数不低于 80 分。

（3）具有累积不少于 10 个交易日且 20 笔及以上的境内交易场所的期货合约或者期权合约的仿真交易成交记录；近 3 年内具有 10 笔及以上的境内交易场所的期货合约、期权合约或者集中清算的其他衍生品交易成交记录。所有上述交易记录应当为实际（仿真）成交的交易记录。

（4）不存在严重不良诚信记录、被有权监管机关宣布为期货市场禁止进入者和法律、法规、规章、交易所业务规则禁止或者限制从事期货交易的情形；单位客户需要具备健全的内部控制、风险管理等期货交易管理相关制度。

另外，中金所规定的豁免条件，可直接豁免资金要求、知识测试和交易经历要求的情形，具体如下。

（1）已具有原油期货交易权限的客户。

（2）已具有 50ETF 期权或 300ETF 期权等股票期权交易权限的客户。

（3）近一年内具有累积不少于 50 个交易日境内交易场所的期货合约、期权合约或者集中清算的其他衍生品交易成交记录的客户。

（4）做市商、特殊单位客户等交易所认可的其他交易者。

（5）符合《证券期货投资者适当性管理办法》规定的专业投资者。

（6）已具有特定品种或商品期权交易权限的客户，可直接豁免知识测试和交易经历，但仍需满足资金要求。

（7）如果在其他期货公司具备原油期货、特定品种、商品期权交易权限或近一年内具有累积不少于 50 个交易日的成交记录，那么只要提供对应的交易权限或交易经历的证明文件原件，就可以满足全部或部分豁免条件（若在其他期货公司具备金融期货交易权限则无须提供证明文件），但仍需满足合规诚信要求、内部制度要求（单位客户）。

2.1.2　交易

期权的交易主要包括委托交易、成交和委托撤单。

1．委托交易

期权委托交易包括委托下单和委托指令。

委托下单包括以下内容。

（1）买入开仓：买入开仓期权合约，支付权利金，增加权利仓持仓。

（2）卖出平仓：在卖出平仓之前买入开仓的期权合约，收回权利金，减少权利仓持仓。

（3）卖出开仓：卖出开仓期权合约，收取权利金，增加义务仓持仓。

（4）买入平仓：在买入平仓之前卖出开仓的期权合约，支付权利金，减少义务仓持仓。

（5）备兑开仓：是指投资者在拥有标的物（含当日买入）的基础上，卖出相应的认购期权。在备兑开仓前，投资者先要将标的物进行"锁定"操作，由于已经锁定的标的物完全能够满足履行交割义务所需的条件，所以不需要缴纳现金保证金。

（6）备兑平仓：买回通过"备兑开仓"卖出的认购期权，支付权利金，减少备兑开仓头寸，同时释放被锁定的标的物。

委托指令包括以下内容。

（1）普通限价申报：投资者可设定订单价格，在买入时成交价不超过该价格，卖出时成交价不低于该价格，限价订单当日有效，未成交部分可以撤销。

（2）市价剩余转限价申报：投资者无须设定价格，仅按照当时市场上可执行的最优报价成交（最优价为买一价或卖一价），市价订单未成交部分转为限价订单（按照成交价格申报）即可。

（3）市价剩余撤销申报：投资者无须设定价格，仅按照当时市场上可执行的最优报价成交（最优价为买一价或卖一价），市价订单未成交部分自动撤单即可。

（4）全额即时限价申报：立即全部成交否则自动撤销订单，限价申报必须设定价格。

（5）全额即时市价申报：立即全部成交否则自动撤销订单，市价申报无须设定价格。

在各集合竞价阶段，上交所仅接受普通限价申报及撤单申报，不接受撤单申报的集合竞价时段除外。

2. 成交

当委托交易发出后，就会涉及成交与否，交易系统会按照成交原则撮合交易。权利金竞价原则是价格优先、时间优先，如果买卖双方符合权利金交易原则，则交易成功，形成期权合约持仓。如果没有成交，则委托指令一直存在，直至委托撤单或过期无效为止。

期权合约持仓在交易时段内，投资者可以同时持有相同合约的权利仓、非备兑义务仓和备兑持仓。在交易日终时，交易所和结算公司对双向头寸自动进行对冲，相同合约相等数量的权利仓和义务仓相互抵消，只保留抵消后的净头寸，并释放部分保证金。

3. 委托撤单

如果委托交易没有成交，那么投资者可以发出委托撤销指令，把该委托撤销掉，根据需要确定是否重新下单。

2.1.3　了结

期权的了结方式有 3 种：对冲平仓、行权和履约、期权到期。

1. 对冲平仓

对冲平仓是指投资者持有的期权部位由其交易方向相反、交易数量相等的相同期权对冲的期权合约了结方式。对冲是指通过卖出或买入相同交割月份的期权合约来了结先前所买入或卖出的期权合约。

2. 行权和履约

行权是指期权买方按照规定行使权利，以行权价格买入或卖出标的物。履约是指当期权买方提出行权时，期权卖方有义务按合约规定的行权价格买入或卖出一定数量的标的物。期权买方或卖方在行权（履约）后将按期权合约规定的价格、数量持有标的物。

3. 期权到期

如果期权到期时没有对冲平仓，也没有提出行权，那么在当日结算时，投资者的期权持仓就会被自动了结。按照惯例，在期权到期时，实值期权会被自动行权，如果没有被自动行权，则证券公司或期货公司的工作人员一般会打电话给投资者提醒是否需要行权。买方不行权的合约一般是虚值期权合约，根据规定，期权买方可以不选择行权，让期权到期作废。

2.2　期权的交易类型

期权的交易类型可简单分为短线交易、中线交易和长线交易。我们的做法是对标的物 ETF 基金、商品期货合约或股指进行技术分析，然后根据标的物的买卖信号交易期权合约，而不是对期权合约进行技术分析。当然也可以对期权合约进行技术分析，只是所有期权合约的形态都差不多，所以我们首先分析标的物的买卖点，然后交易期权合约。具体内容如表 2-1 所示，接下来简单介绍一下这 3 种交易类型。

表 2-1

	短线交易	中线交易	长线交易
定义	一天左右的交易	一周左右的交易	一个月左右的交易
分析标的	ETF 基金/商品期货合约/股指	ETF 基金/商品期货合约/股指	ETF 基金/商品期货合约/股指
分析周期	分时走势图，或以 5 分钟 K 线为主，1 分钟 K 线为辅	以 60 分钟 K 线为主，日 K 线为辅	以日 K 线为主，周 K 线为辅
分析指标	KDJ、MACD、九转序列	移动平均线、MACD、九转序列	移动平均线、MACD、九转序列
所选合约	实值一档或二档期权合约	平值期权合约	虚值一档或二档期权合约
所选方向	权利仓	权利仓	权利仓

2.2.1　短线交易

短线交易指投资者持有期权的持仓时间为 1 天左右，短的可能几分钟，长的可能 3 天左右，这个根据行情的级别而定。

短线交易所分析的标的物是 ETF 基金、商品期货合约或股指。

短线交易所用的分析周期为分时走势图或以 5 分钟 K 线为主、1 分钟 K 线为辅，这个根据不同投资者的交易习惯决定。

短线交易所用的分析指标为 KDJ、MACD、九转序列等，根据不同的周期选择不同的指标组合。

短线交易所选的期权合约为实值一档或二档期权合约，这个还要考虑期权合约的流动性的问题。

短线交易所选的交易方向以权利仓为主，资金量大的投资者可以考虑用义务仓，这样可以赚取时间价值。

2.2.2　中线交易

中线交易指投资者持有期权的持仓时间为 1 周左右，短的可能 1 天，长的可能 10 天。这个根据行情的级别而定。

中线交易所分析的标的物是 ETF 基金、商品期货合约或股指。

中线交易所用的分析周期以 60 分钟 K 线为主、日 K 线为辅，这个根据不同投资者的交易习惯决定。

中线交易所用的分析指标为移动平均线、MACD、九转序列等，根据不同的周期选择不同的指标相结合。

中线交易所选的期权合约为平值期权合约，也可以选择虚一档的期权合约，这样投入的成本更低，但要求行情的级别要大一些。

中线交易所选的交易方向以权利仓为主，资金量大的投资者可以考虑用义务仓，这样可以赚取时间价值。

2.2.3　长线交易

长线交易指投资者持有期权的持仓时间为 1 个月左右，短的可能 2 周，长的可能 2 个月，这个根据行情的级别而定。

长线交易所分析的标的物是 ETF 基金、商品期货合约或股指。

长线交易所用的分析周期以日 K 线为主、周 K 线为辅，这个根据不同投资者的交易习惯决定。

长线交易所用的分析指标为移动平均线、MACD、九转序列等，根据不同的周期选择不同的指标组合。

长线交易所选的期权合约为虚值一档或二档期权合约，也可以选择虚值三档的期权合约，这样投入的成本更低，但要求行情的级别要更大。

长线交易所选的交易方向以权利仓为主，不考虑用义务仓，这样可以充分体现期权的杠杆性。

2.3 期权的四个方向

大家都知道股票和期货只有涨跌两个方向，那为什么期权有 4 个交易方向呢？其实理解起来很简单，期权只是把股票和期货的涨跌两个方向独立开来，把"涨"的一方叫作"认购期权"或"看涨期权"，把"跌"的一方叫作"认沽期权"或"看跌期权"，这两种期权都可以买入和卖出。也就是说若有一位投资者买入开仓期权，就会有一位投资者卖出开仓期权，即若有一位投资者买入开仓认购期权，就有另一位投资者卖出开仓认购期权；若有一位投资者买入开仓认沽期权，就有另一位投资者卖出开仓认沽期权，这样就出现了 4 个交易方向：买入开仓认购期权、卖出开仓认购期权、买入开仓认沽期权、卖出开仓认沽期权，如图 2-1 所示。

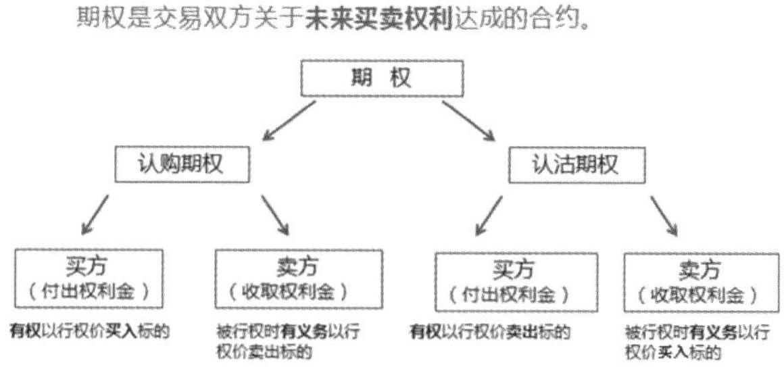

期权是交易双方关于**未来买卖权利**达成的合约。

图 2-3

所以期权的 4 个方向就是这样产生的，而且 4 个方向还有不同的用法，不同的行情用不同的方向，具体如表 2-2 所示，接下来我们详细介绍每一个期权方向是如何使用的。

表 2-2

行情	所用方向	所选合约
大涨	买入开仓认购期权	虚值一档认购期权合约
大跌	买入开仓认沽期权	虚值一档认沽期权合约
小涨	卖出开仓认沽期权	平值认沽期权合约
小跌	卖出开仓认购期权	平值认购期权合约

2.3.1 买入开仓认购期权

认购期权，又称看涨期权，是指期权的买方向期权的卖方支付一定数额的权利金后，拥有在期权合约有效期内，按事先约定的价格即行权价向期权卖方买入约定数量的相关标的物的权利，但不负有必须买进的义务。期权买方若不想买入标的物，只需要让该合约到期作废，不选择行权即可。

买入开仓认购期权，看涨后市，预期标的物价格将要大涨，或者希望通过期权的杠杆效应放大上涨所带来的收益，又不希望承担大幅下跌带来的巨大损失。方向用法如表 2-3 所示，盈亏图如图 2-2 所示。

表 2-3

	内容	备注
如何构建	买入开仓认购期权	或买入开仓看涨期权
最大盈利	理论上无限	
最大亏损	权利金	
盈亏平衡点	行权价+权利金	
所选合约	主力月份虚值一档认购期权合约	也可以选择虚值二档期权合约

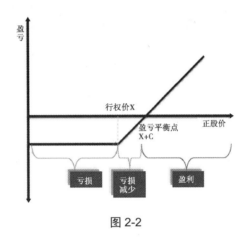

图 2-2

何时使用买入开仓认购期权？

当预期标的物价格将要大涨，或者希望通过期权的杠杆效应放大上涨带来收益，又不希望承担大幅下跌带来的巨大损失时，使用买入开仓认购期权。

实战用法：

比如小旭在 2024 年 10 月 17 日买入开仓看涨期权（认购期权），预计中证 1000 指数将要大涨。中证 1000 指数当天收盘价为 5505.62 元，买入开仓 1 张中证 1000 指数虚值一档看涨期权 MO2411-C-5600，构建方式如表 2-4 所示，行情图如图 2-3 所示。

表 2-4

如何构建	买入开仓 1 张中证 1000 指数看涨期权 MO2411-C-5600，价格：157.60 元
构建理由	预计中证 1000 指数将要大涨
最大盈利	理论上无限
最大亏损	157.6×100=15760.0 元
盈亏平衡点	5600.0+157.60=5757.60 元
所选合约	选择下月虚值一档看涨期权合约 MO2411-C-5600

图 2-3

盈亏效果如表 2-5 所示。可以看出，中证 1000 指数从 2024 年 10 月 17 日的收盘价 5505.62 元，涨到 11 月 1 日的收盘价 5930.23 元，大幅上涨 7.71%，而买入开仓看涨期权 MO2411-C-5600 盈利为 242.40 元，收益率为 153.81%，盈利相当可观。

表 2-5

标的	10 月 17 日价格	11 月 1 日价格	盈亏值	盈亏比例	备注
中证 1000 指数	5505.62 元	5930.23 元	424.61 元	7.71%	价格未乘以乘数 100
买入开仓 MO2411-C-5600	157.6 元	400.0 元	242.40 元	153.81%	

使用要领：

买入开仓认购期权由标的物价格涨跌、隐含波动率涨跌、时间流逝三者的权衡决定。标的物价格上涨对买入开仓认购期权有利，隐含波动率上涨对买入开仓认购期权有利，时间流逝对买入开仓认购期权不利。所以并不是标的物价格上涨，认购期权价格就上涨，因为隐含波动率和时间流逝也影响期权的价格。

方向弱点：最大弱点就是怕标的物价格横盘或下跌。

防御招式如表 2-6 所示。

表 2-6

期权类别	涨跌	操作	具体内容	可能
买入开仓认购期权	上涨后	加油	平仓认购期权，用盈利买入开仓较高行权价的认购期权	继续上涨
		刹车	持有认购期权，卖出开仓高一档行权价的认购期权（牛差）	小跌
		换挡	平仓认购期权，卖出开仓相同行权价的认沽期权	不跌
		熄火	平仓落袋为安	下跌
	下跌后	熄火	平仓止损离场	下跌

2.3.2 卖出开仓认购期权

卖出开仓认购期权是买入开仓认购期权的对手方，卖出开仓认购期权是不看涨后市，也就是预期标的物价格横盘或下跌。卖出开仓认购期权有义务而没有权利，如果权利方要行使权利，则卖方负有必须卖出标的物的义务。方向用法如表 2-7 所示，盈亏图如图 2-4 所示。

表 2-7

	内容	备注
如何构建	卖出开仓认购期权	或卖出开仓看涨期权
最大盈利	权利金	
最大亏损	理论上无限	
盈亏平衡点	行权价+权利金	
所选合约	主力月份虚值一档认购期权合约	也可以选择虚值二档期权合约

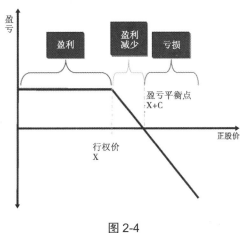

图 2-4

何时使用卖出开仓认购期权？

当预期标的物价格将要横盘震荡或下跌时，使用卖出开仓认购期权。

实战用法：

比如小旭在 2024 年 10 月 14 日卖出开仓认购期权，预计后市沪深 300ETF（代码：159919）价格将要横盘震荡或下跌。沪深 300ETF 当天收盘价为 4.142 元，卖出开仓 1 张虚值一档认购期权沪深 300ETF 购 11 月 4200，构建方式如表 2-8 所示，行情图如图 2-5 所示。

表 2-8

如何构建	卖出开仓 1 张沪深 300ETF 购 11 月 4200，价格：0.1556 元
构建理由	预计后市沪深 300ETF 将要横盘震荡或下跌
最大盈利	0.1556×10 000=1556.0 元
最大亏损	理论上无限
盈亏平衡点	4.200+0.1556=4.3556 元
所选合约	下月虚值一档的认购期权合约购 11 月 4200

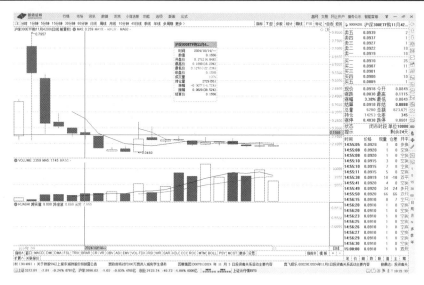

图 2-5

盈亏效果如表 2-9 所示。可以看出，沪深 300ETF 从 2024 年 10 月 18 日的收盘价 4.142 元，跌到 11 月 1 日的收盘价 4.079 元，下跌 1.52%，而卖出开仓认购期权盈利 638.0 元，卖出开仓大概占用保证金为 6000.0 元，则此次收益率约为 10.63%。

表 2-9

标的	10 月 14 日价格	11 月 1 日价格	盈亏值	盈亏比例	备注
沪深 300ETF	4.142 元	4.079 元	−0.063 元	−1.52%	价格未乘以乘数 10 000
卖出开仓购 11 月 4200	0.1556 元	0.0918 元	0.0638 元	10.63%≈0.0638×10 000/6000	

使用要领：

卖出开仓认购期权由标的物价格涨跌、隐含波动率涨跌、时间流逝三者的权衡决定。标的物下跌或横盘对卖出开仓认购期权有利，隐含波动率下跌对卖出开仓认购期权有利，时间流逝对卖出开仓认购期权有利。只有标的物上涨和隐含波动率上涨对卖出方不利，而时间永远是卖方的朋友。

方向弱点：最大弱点就是怕标的物价格大幅上涨。

防御招式如表 2-10 所示。

表 2-10

期权类别	涨跌	操作	具体内容	可能
卖出开仓认购期权	上涨后	熄火	平仓，止损离场	上涨
	下跌后	换挡	平仓认购期权，卖出开仓低一档行权价的认购期权	继续下跌
		加油	持有原期权合约，买入开仓高一档行权价的认购期权（熊差）	小涨
		刹车	持有原期权合约，卖出开仓低一档的认沽期权（反跨式）	不跌
		熄火	平仓落袋为安	上涨
		不动	持有到到期	不涨

2.3.3　买入开仓认沽期权

认沽期权，又称看跌期权，是指期权的买方向期权的卖方支付一定数额的权利金后，拥有在期权合约有效期内，按事先约定的价格即行权价向期权卖方卖出约定数量的相关标的物的权利，但不负有必须卖出的义务。期权买方若不想卖出标的物，则只需要让该合约到期作废，不选择行权即可。

买入开仓认沽期权，看跌后市，预期标的物价格将要大跌，或者希望通过期权的杠杆效应放大下跌所带来的收益，又不希望承担大幅上涨带来的巨大损失。方向用法如表 2-11 所示，盈亏图如图 2-6 所示。

表2-11

	内容	备注
如何构建	买入开仓认沽期权	或买入开仓看跌期权
最大盈利	理论上无限	
最大亏损	权利金	
盈亏平衡点	行权价-权利金	
所选合约	主力月份虚值一档认沽期权合约	也可以选择虚值二档期权合约

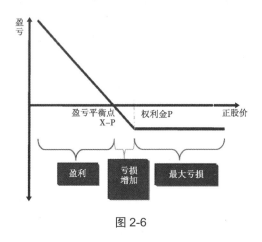

图2-6

何时使用买入开仓认沽期权？

当预期标的物价格将要大跌，或者希望通过期权的杠杆效应放大下跌所带来的收益，又不希望承担大幅上涨带来的巨大损失时，使用买入开仓认沽期权。

实战用法：

比如小旭在2024年10月21日买入开仓认沽期权，预计科创板50ETF（代码：588080）价格将要大跌。科创板50ETF当天收盘价为1.024元，买入开仓1张虚值一档科创板50ETF沽11月950，构建方式如表2-12所示，行情图如图2-7所示。

表 2-12

如何构建	买入开仓 1 张科创板 50ETF 沽 11 月 950，价格：0.0519 元
构建理由	预计科创板 50ETF 将要大跌
最大盈利	理论上无限
最大亏损	0.0519×10 000=519.0 元
盈亏平衡点	0.950−0.0519=0.8981 元
所选合约	选择虚值一档认沽期权合约科创板 50ETF 沽 11 月 950

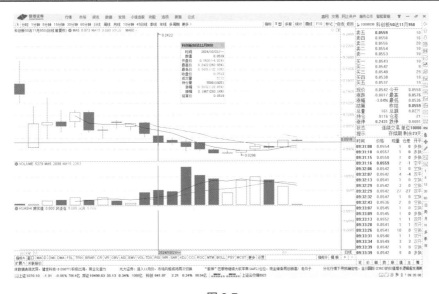

图 2-7

盈亏效果如表 2-13 所示。可以看出，科创板 50ETF 从 2024 年 10 月 21 日的收盘价 1.024 元，跌到 11 月 1 日的收盘价 0.964 元，大幅下跌 5.86%，而买入开仓认沽期权科创板 50ETF 沽 11 月 950 盈利 39.0 元，收益率为 7.51%，盈利非常少。为什么科创板 50ETF 暴跌 5.86%，而买入开仓认沽期权科创板 50ETF 沽 11 月 950 盈利这么少呢？因为 10 月 21 日科创板 50ETF 的波动率指数的收盘价非常高，但 11 月 1 日的收盘价暴跌，导致科创板 50ETF 沽 11 月 950 亏掉了很多时间价值，最后盈利只有 39.0 元，这是典型的看对方向却基本没赚钱的例子。

表 2-13

标的	10 月 21 日价格	11 月 1 日价格	盈亏值	盈亏比例	备注
科创板 50ETF	1.024 元	0.964 元	−0.060 元	−5.86%	价格未乘以乘数 10 000
买入开仓科创板 50ETF 沽 11 月 950	0.0519 元	0.0558 元	0.0039 元	7.51%	

使用要领:

买入开仓认沽期权由标的物价格涨跌、隐含波动率涨跌、时间流逝三者的权衡决定。标的物价格下跌对买入开仓认沽期权有利,隐含波动率上涨对买入开仓认沽期权有利,时间流逝对买入开仓认沽期权不利。所以并不是标的物价格下跌,认沽期权价格就上涨,因为隐含波动率和时间流逝也影响期权的价格。

方向弱点:最大弱点就是怕标的物价格横盘或上涨。

防御招式如表 2-14 所示。

表 2-14

期权类别	涨跌	操作	具体内容	可能
买入开仓认沽期权	上涨后	熄火	平仓,止损离场	上涨
	下跌后	加油	平仓认沽期权,用盈利买入开仓较低行权价的认沽期权	继续下跌
		刹车	持有认沽期权,卖出开仓较低行权价的认沽期权(熊差)	小涨
		换挡	平仓认沽期权,卖出开仓相同行权价的认购期权	不涨
		熄火	平仓,落袋为安	上涨

2.3.4 卖出开仓认沽期权

卖出开仓认沽期权是买入开仓认沽期权的对手方,卖出开仓认沽期权是不看跌后市,也就是预期标的物价格横盘或上涨。卖出开仓认沽期权有义务而没有权利,如果权利方要行使权利,则卖出方负有必须买入标的物的义务。方向用法如表 2-15 所示，行情图如图 2-8 所示。

表 2-15

	内容	备注
如何构建	卖出开仓认沽期权	或卖出开仓看跌期权
最大盈利	权利金	
最大亏损	理论上无限	
盈亏平衡点	行权价-权利金	
所选合约	主力月份虚值一档认沽期权合约	也可以选择虚值二档期权合约

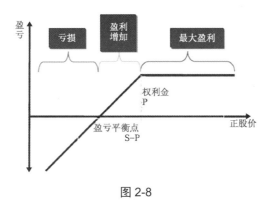

图 2-8

何时使用卖出开仓认沽期权？

当预期标的物价格将要横盘震荡或上涨时，使用卖出开仓认沽期权。

实战用法：

比如小旭在 2024 年 10 月 15 日卖出开仓认沽期权，预计上证 50ETF 价格将要横盘震荡或上涨。上证 50ETF 当天收盘价为 2.758 元，卖出开仓 1 张上证 50ETF 认沽期权沽 11 月 2700，构建方式如表 2-16 所示，行情图如图 2-9 所示。

表 2-16

如何构建	卖出开仓 1 张上证 50ETF 认沽期权沽 11 月 2700，价格：0.0546 元
构建理由	预计上证 50ETF 将要横盘震荡或上涨
最大盈利	0.0546×10 000=546.0 元
最大亏损	（2.70-0.0546）×10 000=26454.0 元
盈亏平衡点	2.700-0.0546=2.6454 元
所选合约	选择虚值一档认沽期权合约上证 50ETF 沽 11 月 2700

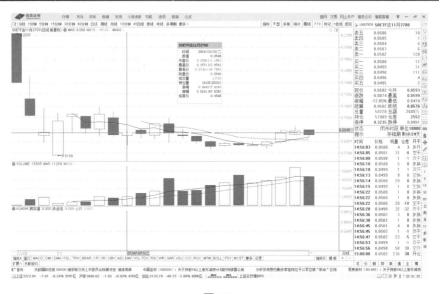

图 2-9

盈亏效果如表 2-17 所示。可以看出，上证 50ETF 从 2024 年 10 月 15 日的收盘价 2.758 元，涨到 11 月 1 日的收盘价 2.762 元，上涨 0.15%，而卖出开仓认沽期权上证 50ETF 沽 11 月 2700 盈利为 44.0 元，卖出开仓大概占用保证金为 4000.0 元，则此次收益率为 1.10%。

表 2-17

标的	10 月 15 日价格	11 月 1 日价格	盈亏值	盈亏比例	备注
上证 50ETF	2.758 元	2.762 元	0.004 元	0.15%	价格未乘以乘数10 000
卖出开仓上证 50ETF 沽 11 月 2700	0.0546 元	0.0502 元	0.0044 元	1.10%	

使用要领：

卖出开仓认沽期权由标的物价格涨跌、隐含波动率涨跌、时间流逝三者的权衡决定。标的物价格上涨或横盘对卖出开仓认沽期权有利，隐含波动率下跌对卖出开仓认沽期权有利，时间流逝对卖出开仓认沽期权有利。只有标的物价格下跌和隐含波动率上涨对卖出方不利，而时间永远是卖方的朋友。

方向弱点：最大弱点就是怕标的物价格大幅下跌。

防御招式如表 2-18 所示。

表 2-18

期权类别	涨跌	操作	具体内容	可能
卖出开仓认沽期权	上涨后	换挡	平仓认沽期权，卖出开仓高一档行权价的认沽期权	继续上涨
		加油	持有原期权合约，买入开仓低一档行权价的认沽期权（牛差）	小涨
		刹车	持有原期权合约，卖出开仓高一档行权价的认购期权（反跨式）	不涨
		熄火	平仓落袋为安	下跌
		不动	持有到到期	不跌
	下跌后	熄火	平仓，止损离场	下跌

2.4　期权标的物的技术分析简介

关于技术分析，有很多种方法和理论，这里简单介绍几种比较常用的，也是我们在实战中用得比较多的。我们把技术分析指标分为两个维度的指标，一个是空间维度的分析指标，另一个是时间维度的分析指标，这样可以从空间上和时间上分析标的物价格的走势，做到何时见何价，以期获得更高的回报。

2.4.1　空间维度的分析指标

空间维度的分析指标主要有 MACD 指标、移动平均线指标、KDJ 指标。

1. MACD指标

（1）指标定义。

MACD 指标由 Gerald Appel 发明，全称为均线集中分叉（Moving Average Convergence Divergence），是最简单、最可靠的指标之一。MACD 指标是从双指数移动平均线发展而来的，先由快的指数移动平均线（EMA12）减去慢的指数移动平均线（EMA26），得到快线（DIF），再用快线 DIF 减去 DIF 的 9 日加权移动均线（DEA），然后乘以 2 得到 MACD 柱。MACD 指标的意义和双移动平均线的意义基本相同，即由快/慢均线的离散、聚合表征当前的多空状态和股价可能的发展变化趋势。

（2）基本用法。

① 当 DIF 和 DEA 处于 0 轴以上时，属于多头市场。当 DIF 线自下而上穿越 DEA 线时是做多信号；当 DIF 线自上而下穿越 DEA 线时，如果两线值还处于 0 轴以上运行，则仅仅只能视为一次短暂的回落，而不能确定趋势转折，此时是否做空还需要借助其他指标来综合判断。

② 当 DIF 和 DEA 处于 0 轴以下时，属于空头市场。当 DIF 线自上而下穿越 DEA 线时是做空信号；当 DIF 线自下而上穿越 DEA 线时，如果两线值还处于 0 轴以下运行，则仅仅只能视为一次短暂的反弹，而不能确定趋势转折，此时是否买入还需要借助其他指标来综合判断。

③ 柱状线收缩和放大。一般来说，柱状线的持续收缩表明趋势运行的强度正在逐渐减弱，当柱状线颜色发生改变时，趋势确定转折。但在一些

时间周期不长的 MACD 指标使用过程中，这一观点并不能完全成立。

④ 形态和背离情况。MACD 指标也强调形态和背离现象。当形态上 MACD 指标的 DIF 线与 MACD 线形成高位看跌形态时，如头肩顶、双头等，应当保持警惕；而当形态上 MACD 指标的 DIF 线与 MACD 线形成低位看涨形态时，应考虑做多。在判断形态时以 DIF 线为主、MACD 线为辅。当价格持续升高，而 MACD 指标走出一波比一波低的走势时，意味着顶背离出现，预示着价格将可能在不久之后出现转头下行；当价格持续降低，而 MACD 指标却走出一波高于一波的走势时，意味着底背离现象的出现，预示着价格将很快结束下跌，从而转头上涨。

⑤ 当 MACD 线与 Trigger 线均为正值，即在 0 轴以上时，表示大势仍处于多头市场，趋势线是向上的。而当柱状垂直线图（Oscillators）从 0 轴往上延伸时，可以大胆做多。

⑥ 当 MACD 线与 Trigger 线均为负值，即在 0 轴以下时，表示大势仍处于空头市场，趋势线是向下的。而当柱状垂直线图从 0 轴往下延展时，应该立即做空。

⑦ 当 MACD 线与 K 线图的走势出现背离时，应该视其为股价即将反转的信号，必须注意盘中走势。

⑧ 当 MACD 指标出现死叉后股价并未出现大幅下跌，而是回调之后再度拉升时，往往是主力为掩护出货而做的最后一次拉升，上升高度极为有限，此时形成的高点往往是一波行情的最高点。判断顶部的标志是"价格与 MACD 指标"背离，即股价创出新高，而 MACD 指标却未能同步创出新高，两者的走势出现背离，这是股价见顶的可靠信号。

（3）实战应用。

应用一：活用"探底器"，寻觅真底部。

这里介绍一种利用 MACD 指标与 30 日均线配合起来寻找底部的方法，可剔除绝大多数的无效信号，留下最真实可靠的买入信号。具体方法：MACD 指标中的 DIF 线在 0 轴以下与 MACD 线交叉出现金叉后没有上升至 0 轴以上，而很快又与 MACD 线交叉出现死叉，此时投资者可暂时等待。若两线再度交叉出现金叉（在 0 轴以下），30 日平均线亦拐头上行，则表明底部构筑成功，随后出现一波上涨行情的可能性较大。

图 2-10 为上证 50ETF 的 30 分钟 K 线图，在 2018 年 8 月 20 日 10:00，出现过买入信号，之后出现一波比较大的行情。从 2018 年 8 月 16 日 14:00 开始持续阴跌，8 月 17 日 10:00 出现金叉，8 月 17 日 13:30 出现死叉，8 月 20 日 10:30 再度出现金叉，随后 30 日均线亦开始拐头上行，筑底成功，出现了一波比较大的上涨行情。

MACD 指标中的 DIF 线与 MACD 线在 0 轴以下金叉、死叉的次数越多，说明该股筑底时间越长，一旦反转向上空间就越广阔。

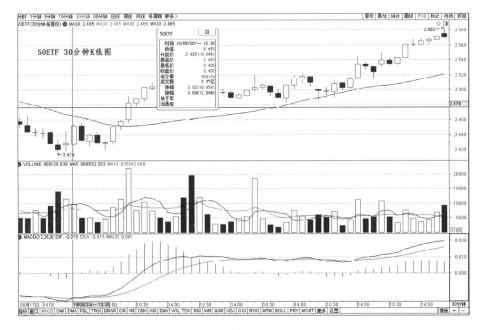

图 2-10

应用二：底背驰买入法。

① 负柱峰二次底背驰买入法。

MACD 负柱峰出现两次底背驰是较可信的买入信号。买入时机在第三个负柱峰出现第一根或第二根收缩绿柱线时。

图 2-11 为上证 50ETF 的 30 分钟 K 线图。2018 年 9 月 11 日，负柱峰出现了两次底背驰，在 9 月 12 日 13:30 第三个负柱峰出现第一根收缩绿柱线，随后走出一波震荡上涨的行情。9 月 28 日 11:30 上证 50ETF 涨到最高价 2.674 元，涨幅为 9.68%，出现了一波比较大的上涨行情。

图 2-11

② 负柱峰复合底背驰买入法。

特征：负柱峰出现第一次底背驰后，第三个负柱峰与第二个负柱峰没有底背驰，却与第一个负柱峰发生了底背驰，这称为"隔峰底背驰"，是可信的买入信号。买入时机在第三个负柱峰出现第一根或第二根收缩绿柱线时。

（4）注意事项。

① MACD 指标对于研判短期行情的顶部和底部并不一定可信，只有结合中期行情的乖离率和静态钱龙中的 ADR（Advance/Decline Ratio，涨跌比）指标，才可以判定。

② MACD 指标在横盘震荡市中将失真，此时虚假信号将在 MACD 指标中产生，DIF 线与 MACD 线的交叉将会十分频繁，同时柱状线的收放也将频频出现，颜色也会常常由绿转红或者由红转绿，此时 MACD 指标处于失真状态，应用价值相应降低。

③ 使用周线中的 MACD 指标分析比使用日线的 MACD 指标分析效果好。

④ MACD 指标是移动平均线最好的"搭档"，投资者应在行情走势中多加运用，具体使用情况随品种不同和市场行情不同而变化，要灵活运用。

2. 移动平均线指标

（1）指标定义。

移动平均线（Moving Average，简称 MA）是由美国著名的投资专家Joseph E.Granville 于 20 世纪中期提出来的。移动平均线是用统计分析的方法，将一定时期内的证券价格（指数）加以平均，并把不同时间的平均值连接起来，形成一根平均线，用以观察证券价格变动趋势的一种技术指标。移动平均线可帮助交易者确认现有趋势，判断将出现的趋势，发现即将反转的趋势。

移动平均线常用 5 天、10 天、30 天、60 天、120 天和 250 天移动平均线指标。其中，5 天和 10 天的移动平均线是短线操作的参照指标，称为日均线指标；30 天和 60 天的移动平均线是中期均线指标，称为季均线指标；120 天、250 天的移动平均线是长期均线指标，称为年均线指标。

（2）基本用法。

移动平均线的一些特性对于市场分析是十分重要的，我们就移动平均线的表现与市场行情对应的关系进行具体分析。

① 多头稳定上升。当多头市场进入稳定上升时期，10MA、20MA、60MA 向右上方推升，且三线多头排列（排列顺序自上而下分别为 10MA、20MA、60MA），略呈平行状。

② 技术回档。当 10MA 由上升趋势向右下方拐头而下，而 20MA 仍然向上方推升时，揭示此波段为多头市场中的技术回档，涨势并未结束。

③ 由空转多。市场由空头市场进入多头市场时，10MA 首先由上而下穿越 K 线图，处于 K 线图的下方（即股价站在 10MA 之上），几天后 20MA、60MA 相继由上往下穿越 K 线图（即股价顺次站在 20MA、60MA 之上）。

④ 盘高与盘低。当股价处于盘局时，若 10MA 往右上方先行突破上升，则后市越盘越高；若 10MA 往右下方下降，则后市越盘越低。

⑤ 空头进入尾声。在空头市场中，若 60MA 能跟随 10MA、20MA，由上而下贯穿 K 线图（即股价站在 60MA 之上），则后市会有一波强劲的反弹，甚至空头市场至此已接近尾声。

⑥ 由多转空。若 20MA 随 10MA 向右下方拐头而下，60MA 也开始向右下方反转，则表示多头市场即将结束，空头市场即将来临。

⑦ 依次排列。移动平均线均在 K 线图之上，且排列顺序从上而下依次是 60MA、20MA、10MA，则表示目前为空头市场。

⑧ 反弹开始。在空头市场中，若 10MA 先从上而下穿越 K 线图（K 线图在上方，10MA 在下方），即股价站在 10MA 之上，则是股价在空头市场反弹的先兆。

⑨ 反弹趋势增强。在空头市场中，若 20MA 也继 10MA 之后，由上而下穿越 K 线图，且 10MA 位于 20MA 之上（即股价站在 20MA 之上，10MA、20MA 多头排列），则反弹趋势将转强。

⑩ 深幅回档。若 20MA 跟随 10MA 向右下方拐头而下，60MA 仍然向右上方推升，揭示此波段为多头市场中的深幅回档，则应以持币观望或做空的策略对应。

（3）实战应用。

我们以葛兰维八大买卖法则为例进行说明，如图 2-12 所示。

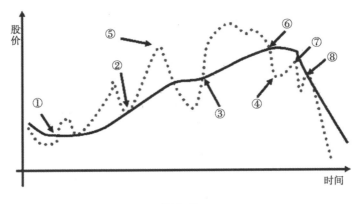

图 2-12

① 移动平均线由下降逐渐走平，且有向上抬头的迹象，而股价自平均线的下方向上突破移动平均线时是买进信号，如图 2-13 所示。

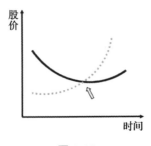

图 2-13

移动平均线由下降转为水平不是一朝一夕可以形成的，需要很长时间。随着时间的推移，在这一价位区的换手越来越多，此时股价一旦向上穿越移动平均线，对于低位的买入者来说突然获利丰厚，必然会大量抛售。只要股价可以高位站稳，成交量放出巨量加以配合，就说明必然有大量资金介入。因为没有大量资金的介入，股价是无法有效突破移动平均线的。既然有大量资金介入，后市股价上涨就很正常了，所以此为买进信号。

② 股价趋势走在均线之上，但股价突然下跌，没跌破移动平均线，又再度上升，是买进信号，如图 2-14 所示。

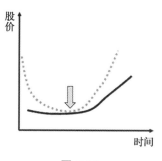

图 2-14

移动平均线所代表的是平均成本，若股价跌到移动平均线即止跌反涨，则说明抛压是因为获利丰厚导致的。一旦股价跌至移动平均线，投资人利润减少，卖压就会迅速降低，并很快又继续回升，表明市场气氛良好，股价很快会再创新高，因此为买入信号。

如果股价下跌至移动平均线附近且伴随着成交量的迅速萎缩，然后企稳并上涨，那么后续行情继续上涨的可能性更大。

③ 股价跌至移动平均线下方，而移动平均线短期内仍为继续上升趋势，不久股价又回到移动平均线上方，则是买进信号，如图 2-15 所示。性质基本与第②点相似，只是下跌的力度较大。

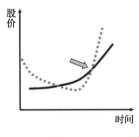

图 2-15

④ 股价趋势走在移动平均线之下，突然出现暴跌，距离移动平均线非常远，极有可能随时再度靠近移动平均线，亦为买进信号，如图 2-16 所示。

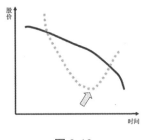

图 2-16

股价的暴跌，会造成投资人突然亏损极为严重，严重的亏损会使投资人无法下决心割肉卖出手中的持股，而产生强烈的观望情绪，致使出现很轻微的买盘，很容易迅速将股价推高，因此为买入信号。

⑤ 股价走在移动平均线上方，突然暴涨，距离移动平均线越来越远，为卖出时机，如图 2-17 所示。

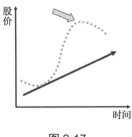

图 2-17

股价向上大幅暴涨之后，投资人不论在短期买进还是中长期买进都会突然获利丰厚，极易引起大量的获利回吐，造成股价迅速下跌，因此为卖出时机。

⑥ 股价仍然涨过移动平均线上方，但移动平均线继续下跌，不久股价又回到移动平均线的下方，为卖出信号，如图2-18所示。

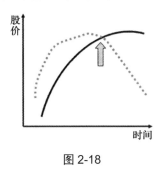

图2-18

⑦ 股价趋势在移动平均线之下，回升时也未超越移动平均线，若再度下跌，则为卖出信号，如图2-19所示。

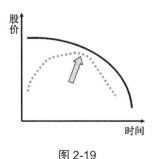

图2-19

股价回升到移动平均线附近就重新下跌，说明一有解套的机会投资人就争相出逃，造成股价的下跌。表明此时投资人心态不稳，有很强的卖出欲望，这种心态会导致股价继续大幅下跌，因此为卖出信号。

⑧ 移动平均线从上升趋势逐渐转为水平，且有向下跌的倾向，当股价从上方向下突破移动平均线时，为卖出信号，如图2-20所示。

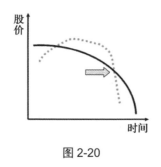

图 2-20

移动平均线上升趋势逐渐转变为盘局，不是一朝一夕的事，大量筹码在这一价位换手，因为此处是大多数投资人的平均持仓成本区域。此时股价一旦下跌，就会导致在这一价位的所有买入者全部被套牢。出于买入者对亏损的恐惧，股价每次回升至这一价位区，都会因解套压力而再次下跌，因此为卖出信号。

（4）注意事项。

① 在股市操作中，要注意移动平均线排列状况，分清什么是均线多头排列。举个例子，短期移动平均线在上，中期移动平均线居中，长期移动平均线在下，这几根均线同时向上缓缓发散，就称为均线多头排列。均线系统出现多头排列，表明多方控制着局面，这时投资者应以做多为主。但要注意的是，当股价上涨与移动平均线过分偏离时，会出现短期回落，如看准后，适度做空，再逢低买进，既可回避短期风险，又能增加盈利机会。反之，长期移动平均线在上，中期移动平均线居中，短期移动平均线在下，这几根均线同时向下缓缓发散，就称为均线空头排列。均线系统出现空头排列，表明空方控制着局面，这时投资者应以做空为主。但要注意的是，当股价下跌与移动平均线过分偏离时，会出现短期弹升机会，如看准后，趁低位抢一些筹码，做一波反弹，也可提高资金利用率。

② 预测短期走势应以对 5MA、10MA 的研判为主。在强势市场或强势股中，股价（指数）下跌一般不会跌破 5MA，更不会跌破 10MA，若跌破

5MA，尤其是跌破 10MA，则应当心市道转弱。在弱势市场或弱势股中，股价（指数）反弹一般不会冲破 5MA，更不会冲破 10MA；若冲破 5MA，尤其是 10MA，则有可能转强。投资者需要注意的是，这里所谓的跌破都要以跌幅超过 3%，且连续 3 天以上为准。

③ 预测中期走势应以对 30MA、60MA 的研判为主。从沪深股市几年来的运作情况看，30MA 一直是衡量市场中期强弱的重要标志。在股价（指数）下跌时，若 30MA 被有效跌穿，则中期趋势看弱；在股指上升时，若 30MA 被有效突破，则中期趋势看好。就中期买卖信号的可靠性来看，60MA 比 30MA 更胜一筹，60MA 对中短期股价走势有明显的助涨及助跌作用，当 60MA 走强或股价（指数）站在 60MA 之上时，上升的趋势一目了然。因此，中线买家在决定何时买进、何时卖出时，切勿忘了 30MA、60MA 的指导作用。

④ 预测中长期走势应以对 120MA 的研判为主。从沪深股市的历史上看，属于中长期移动平均线的 120MA，在股价（指数）变动中具有特殊的意义，股价（指数）走势明显受到 120MA 的支撑或阻击。120MA 在中国股市中属于半年线，因而在研究沪深股市中长期走势方面有着相当高的准确性。当 120MA 被有效跌穿，中长期趋势看弱时，中长线买家应该清仓离场。当 120MA 被有效向上冲破，中长期趋势看好时，中长线买家应该追加买进。

⑤ 预测长期走势应以 250MA 的研判为主。250MA 是一年的移动平均线。若 250MA 失守，则意味着参与股市一年投资的投资者悉数被套（这是从平均持股成本上说的，其中也有少数赢家，并非个个都是输家）。若 250MA 被向上有效突破，则意味着人气恢复，多头终于在年均线上占据上风。因此，很多人将 250MA 视为牛熊的分界线。但是，从实际情况来看，决定股

市长期趋势的是基本面而不是技术面。如果基本面趋好，250MA 失守，则很可能是主力有意打压制造的一个空头陷阱；反之，若基本面趋弱，250MA 向上突破，则很可能是主力拉高出货而制造的一个多头陷阱。因而，投资者在分析股市的长期趋势时，250MA 只能作为一个参考，究竟如何，只有对基本面进行全面的分析研判后才能做出正确判断。

⑥ 要根据市场需要和个股特性，适时修正、设计均线时间参数。例如，针对一些主力做多时常常利用击穿 30MA 骗取筹码等特点，投资者在依据均线操作时，可将 30MA 改成 40MA、45MA、50MA 等。又如，对一些股性特别活跃的个股，若觉得用 5MA、10MA、20MA，或 5MA、10MA、30MA 这两种短期均线组合仍较难把握其走势，则也可自行设计一种更为合适的短期或者中长期均线组合。

⑦ 移动平均线的优点有很多，但也有明显的不足之处。例如对突发性行情不能够即时反应，存在着滞后效应；均线中常常会出现一些骗线等。要克服移动平均线这些缺点，唯一的办法就是把移动平均线分析方法同其他技术分析方法（如 K 线分析法、趋势线分析法等）有机结合起来。

⑧ 单单依靠移动平均线的买入信号和卖出信号，投资者不容易准确地做出卖出或者买入的操作。通常情况下，移动平均线需要和其他的技术指标相结合使用。

⑨ 当市场行情处于盘整时，移动平均线所反映出的卖出、买入信号会频繁出现，而这时也是投资者最容易"上当受骗"的时候。

⑩ 移动平均线的变动较为缓慢，投资者很难把握股价的低谷或高峰，就长期移动平均线而言，这种劣势更为明显。

3．KDJ 指标

（1）指标定义。

KDJ 指标的中文名称为随机指标，最早起源于期货市场，由乔治·莱恩（George Lane）首创，是一种非常实用的技术分析指标。KDJ 指标以最高价、最低价及收盘价为基本数据进行计算，得出的 K 值、D 值和 J 值分别在指标的坐标上形成一个点，连接无数个这样的点位，就形成一个完整的、能反映价格波动趋势的 KDJ 指标。KDJ 指标起先用于期货市场的分析，后被广泛应用于股市的中短期趋势分析，是期货和股票市场上非常常用的技术分析工具。

（2）基本用法。

① 当 K 值、D 值、J 值整体处于 20 以下时，则市场为超卖区；如果这三个值整体处于 80 以上，则代表市场为超买区；如果这三个值整体在 20 与 80 之间，则市场中的买卖平衡，变化趋势不是很明显。

② 如果 K 值、D 值、J 值都位于 50 以上，则此时市场为多头市场，行情有上涨的趋势；如果这三个值都位于 50 以下，则为空头市场，行情有下降的趋势。

③ 当 K 值大于 D 值时，行情趋势上涨，当 K 线向上突破 D 线时，则为买入信号；反之当 K 线向下突破 D 线时，则为卖出信号。

④ 当 KDJ 指标与 K 线图的走势呈现相反的趋势时，行情可能即将出现反转的信号；另外当 K 线和 D 线的变化趋势突然减弱时，也是行情反转的预期信号。

⑤ 根据 KDJ 三条线的移动速度可以判断 D 线的市场敏感度比较小，J 线的市场敏感度是最大的。

⑥ KDJ 指标不适合用于发行量小、交易不活跃的股票，但是 KDJ 指标对预测大盘股的趋势有极高的准确性。

⑦ 当 KDJ 指标与股价出现背离时，一般为转势信号。

（3）实战应用。

① 在实际操作中，一些做短平快的投资者常用分钟级别指标来判断后市趋势，决定买卖时机，在 T+0 时代常用 15 分钟和 30 分钟 KDJ 指标，在 T+1 时代常用 30 分钟和 60 分钟 KDJ。使用经验规律总结如下。

- 如果 30 分钟 KDJ 在 20 以下盘整较长时间，60 分钟 KDJ 也是如此，则一旦 30 分钟 K 值上穿 D 值并越过 20，就可能引发一轮持续 2 天以上的反弹行情；若日线 KDJ 指标也在低位发生交叉，则可能是一轮中级行情。但需注意 K 值与 D 值产生金叉后，只有 K 值大于 D 值 20%以上，这种交叉才有效。

- 如果 30 分钟 KDJ 在 80 以上向下掉头，K 值下穿 D 值并跌破 80，而 60 分钟 KDJ 才刚刚越过 20 不到 50，则说明行情会出现回档，30 分钟 KDJ 在探底后可能继续向上。

- 如果 30 分钟和 60 分钟 KDJ 在 80 以上，盘整较长时间后 K 值同时向下交叉 D 值，则表明要出现至少 2 天的下跌调整行情。

- 如果 30 分钟 KDJ 跌至 20 以下掉头向上，而 60 分钟 KDJ 还在 50 以上，则要观察 60 分钟 K 值是否会有效穿过 D 值（K 值大于 D 值 20%）。若有效则表明将开始一轮新的上攻；若无效则表明仅是下跌过程中的反弹，反弹过后仍要继续下跌。

- 如果 30 分钟 KDJ 在 50 之前止跌，而 60 分钟 KDJ 才刚刚向上交叉，则说明行情可能会再持续向上，仅属于回档。

- 若 30 分钟或 60 分钟 KDJ 出现背离现象，则也可将该 KDJ 指标作为研判大市顶底的依据。

- 在超强市场中，30 分钟 KDJ 可以达到 90 以上，而且在高位屡次发生无效交叉，此时重点看 60 分钟 KDJ，当 60 分钟 KDJ 出现向下交叉时，可能引发短线较深的回档。

- 在暴跌过程中 30 分钟 KDJ 可以接近 0 值，而大势依然跌势不止，此时也应看 60 分钟 KDJ，当 60 分钟 KDJ 向上发生有效交叉时，会引发极强的反弹。

② 当行情处在极强、极弱单边市场时，若日 KDJ 屡屡出现钝化，则应改用 MACD 等中长指标；当股价短期波动剧烈时，若日 KDJ 反应滞后，则应改用 CCI、ROC 等指标或使用 SLOWKD 慢速指标。

③ KDJ 在周线中的参数一般用 5，周 KDJ 指标对行情见底和见顶有明显的提示作用。需提示的是，一般若周 J 值在超卖区 V 形单底上升，则说明只是反弹行情，形成双底才为可靠的中级行情。但 J 值在超买区单顶也会有大幅下跌的可能性，所以应该提高警惕，此时应结合其他指标综合研判。但当股市处在牛市时，J 值在超买区盘整一段时间后，股价仍会大幅上升。

（4）注意事项。

① 当股价短期波动剧烈或者瞬间行情幅度太大时，KDJ 信号经常失误，也就是说投机性太强的个股 KD 值容易高位钝化或低位钝化。此外，KDJ 指标对于交易量太小的个股不是很适用，但对预测绩优股的准确率却很高。同时还应该注意的是，KDJ 指标提供的股票买卖信号均有或多或少的死角发生，尤其是当个股表现受到基本面、政策面及市场活跃程度的影响时，在任何强势市场中，超买、超卖状态都可能存在相当长的一段时期，

趋势逆转不一定即刻发生。即 KDJ 指标所能得出的最强信号之一是偏差，也就是说 K 值在 80 以上时，股价还有可能进一步上升，如果投资者过早卖出股票，就会损失一些利润；K 值在 20 以下时，股价还有可能进一步下跌，如果投资者过早买进股票则有可能被套。此时 KDJ 指标参考价值降低，投资者应该因时因势分析，同时参考其他指标，与 KDJ 指标结合起来使用。

② J 值可以为负值，也可以超过 100。出现这种情况主要是因为 J 线、K 线、D 线更为灵敏一些。

③ KDJ 指标提供的买卖信号比较频繁，投资者仅依据这些交叉突破点来决定投资策略，依然存在较大的风险，因此在使用 K 线、D 线时，要配合股价趋势图来进行判断。当股价交叉突破支撑压力线时，若 K 线、D 线又在超买区或超卖区相交，则 K 线、D 线提供的股票买卖信号就更为有效。而且，在此位上 K 线、D 线来回交叉越多越好。

④ K 值和 D 值上升或下跌的速度减弱，且倾斜度趋于平缓，是短期转势的预警信号。这种情况对大盘热门股及股价指数预警的准确性较高，而对冷门股或小盘股预警的准确性较低。

⑤ KDJ 指标比 RSI 准确率高，且有明确的买点、卖点出现，但 K 线、D 线交叉时必须注意骗线的出现，主要因为 KDJ 指标过于敏感且此指标群众基础较好，所以经常被主力操纵。

⑥ K 线与 D 线的交叉在 80 以上或 20 以下时较为准确。当这种交叉突破 50 时，表明市场走势陷入盘局，正在寻找突破方向。此时，K 线与 D 线的交叉突破所提供的买卖信号无效。

2.4.2　时间维度的分析指标——九转序列指标

关于时间维度的分析指标，我们重点介绍九转序列指标。

九转序列指标是由 TD 迪马克序列指标简化而来的，TD 迪马克序列指标是由美国著名的投资专家 Tom Demark 于 20 世纪 80 年代提出来的。九转序列指标包括两部分，一是结构，二是计数。

1. 指标定义

九转序列指标包括结构和计数两部分，如图 2-21 所示。结构要求有 9 个连续交易日的收盘价，每一个都低于（或高于）其相对应的 4 个交易日前的收盘价。这样就形成了两个结构序列，一个是从低 1 至低 9 的看涨序列，另一个是从高 1 到高 9 的看跌序列。必须是连续 9 根 K 线，如果过程中出现中断，原来的计算结果就不成立了，必须重新开始计算。计数由 9 个交易时间周期组成，出现 9 时就是开仓的条件，低 9 时开仓做多，高 9 时开仓做空。当然也可以在 9 个交易周期的前后 2 个交易周期时开仓，比如在低 7 或等到低 11 时开仓做多，在高 7 或者高 11 时开仓做空。

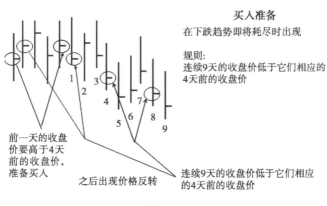

图 2-21

2．基本用法

（1）看涨序列结构的使用。

① 当看涨序列结构出现低 8 的 K 线或者低 9 的 K 线，或者当其随后的某根 K 线的最低价小于或等于低 6 的 K 线和低 7 的 K 线的最低价时，考虑做多。

② 看涨序列结构内的任何一根 K 线的收盘价，都要在之前的看涨序列结构趋势支撑线之上。

③ 看涨序列结构出现低 9 的 K 线，要非常靠近之前的看涨序列结构趋势支撑线。

（2）看跌序列结构的使用。

① 当看跌序列结构出现高 8 的 K 线或者高 9 的 K 线，或者当其随后的某根 K 线的最高价大于或等于高 6 的 K 线和高 7 的 K 线的最高价时，考虑做空。

② 看跌序列结构内的任何一根 K 线的收盘价，都要在之前的看跌序列结构趋势压力线之下。

③ 看跌序列结构出现高 9 的 K 线，要非常靠近之前的看跌序列结构趋势压力线。

（3）看涨序列计数的使用。

① 在计数 9 这根 K 线的收盘价入场做多（积极策略）。

② 在计数 9 之后，出现熊市价格反转时，入场做多（保守策略）。

③ 在出现结构伪装买入信号时，或者当前 K 线的收盘价小于前一根 K 线的收盘价、当前 K 线的收盘价大于当前 K 线的开盘价、当前 K 线的最低

价小于之前第二根 K 线的最低价时，做多。

（4）看跌序列计数的使用。

① 在计数 9 这根 K 线的收盘价入场做空（积极策略）。

② 在计数 9 之后，出现牛市价格反转时，入场做空（保守策略）。

③ 在出现结构伪装卖出信号时，或者当前 K 线的收盘价大于前一根 K 线的收盘价、当前 K 线的收盘价小于当前 K 线的开盘价、当前 K 线的最高价大于之前第二根 K 线的最高价时，做空。

（5）取消计数。如果在结构尚未完成之前出现以下情况，则应取消计数。

① 有一个收盘价超过结构形成阶段中的最高价。

② 出现一个相反的结构，如在看涨序列结构的计数过程中出现一个看跌序列的新结构。

③ 出现一个新的同方向的结构，在这种情况下新的看涨序列结构优先，一旦完成就重新开始计数。

3. 实战应用

图 2-22 是上证 50ETF 在 2018 年 3 月 29 日的 5 分钟周期的 K 线图，在 9:40 时开始形成看涨结构，出现了低 1。之后连续出了 9 根 K 线，在 10:20 时出现了低 9，这时就是开仓做多的时候。果然上证 50ETF 开始上涨，形成了上涨序列高 1 到高 8 的结构。之后出现低 1 至低 4 结构，就因为不符合条件没有形成低 5，下跌序列结束，重新计数。在 14:50 出现了高 9，这时候提示行情要下跌，果然开始出现看跌序列结构。所以在低 9 附近做多比较有把握，在高 9 附近做空比较有把握，当然若再结合其他技术分析指标来判断开仓点就更准确了。

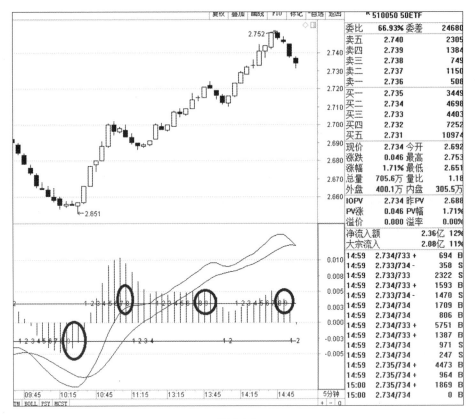

图 2-22

4. 注意事项

（1）计数的宽松条件。

① 计数 1～10 的 K 线，必须符合严格的计数条件。

② 计数 11、12、13 的 K 线，只需要满足收盘价一个比一个低或一个比一个高即可。

（2）九转序列指标适用于任何市场、任何时间周期。

（3）想深入了解这个指标可阅读《德马克指标》一书，《德马克指标》一书由东方出版社出版，书中详细解释了德马克指标及其用法。

2.4.3　趋势分析的可靠性

在金融市场里，趋势分析一直是一个很考验人的技术活，因为要准确分析趋势很难。每个人都有每个人的方法，我们在这里只提供一个大概的分析思路，包括多个分析指标共振和分析指标多个周期协同。

1. 多个分析指标共振

简单地说，多个分析指标共振就是多个指标同时发出做多信号或做空信号，从而产生强烈的做多或做空预期。当一个指标发出做多或做空信号时，看到这个指标的人就会做多或做空；当有三个指标同时发出做多或做空的信号时，那就有三批人同时做多或做空，就能形成共振的合力，形成一个趋势；如果有更多的指标共振，那就有更多的人同时做多或做空，形成趋同效应，这样做多或做空的把握就更高一些。

我们在分析上证 50ETF 期权的标的物上证 50ETF 时，同一个分析周期，比如 5 分钟周期，当 MACD 指标发出做空信号时，KDJ 指标和九转序列指标也同时发出做空信号，那么看这三个指标的三批人就同时在做空上证 50ETF，就能形成一股做空力量，形成了多个指标共振，上证 50ETF 价格下跌的概率更高。

图 2-23 为多个指标 K 线图，图中自编多空信号指标、KDJ 指标、MACD 指标、九转序列指标同时出现空头，上证 50ETF 价格必然下跌。

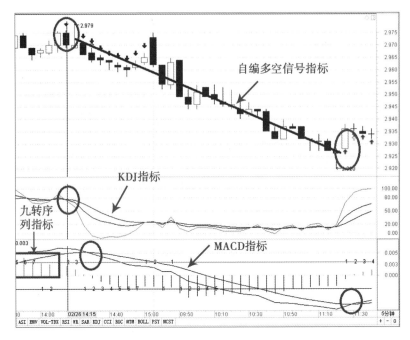

图 2-23

2．分析指标多个周期协同

多个周期协同的意思是多个周期的分析指标同步发出做多或做空信号，从而产生强烈的做多或做空预期，与多个分析指标共振的原理相似。

如图 2-24，我们在分析上证 50ETF 期权的标的物上证 50ETF 时，2018年 3 月 29 日 10：30，5 分钟级别的 KDJ 指标发出做多信号，15 分钟级别的 KDJ 指标和 30 分钟级别的 KDJ 指标也同时发出做多信号。还有九转序列指标 5 分钟级别在 10：30 时出现低 11 做多信号，15 分钟级别出现低 8 做多信号和 30 分钟级别出现低 10 做多信号。那么看这些周期的人同时在做多上证 50ETF，就能形成一股做多力量，形成了多个周期协同，上证 50ETF价格上涨的概率更高。

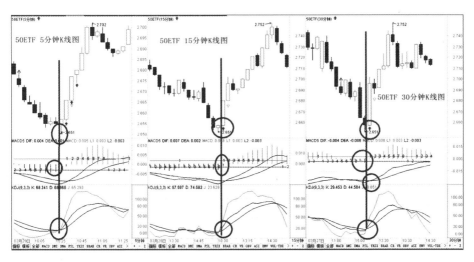

图 2-24

3. 多个指标共振和多个周期协同

当出现多个指标共振叠加多个周期协同时，那就更完美了，如图 2-24 所示，在 2018 年 3 月 29 日上午 10:30 时，5 分钟级别的 KDJ 指标发出做多信号，15 分钟级别的 KDJ 指标和 30 分钟级别的 KDJ 指标也同时发出做多信号。还有九转序列指标 5 分钟级别在 10:30 时出现低 11 做多信号，15 分钟级别出现低 8 做多信号和 30 分钟级出现低 10 做多信号。我们自己编写的指标也在 10:30 时 5 分钟、15 分钟和 30 分钟级别陆续出现做多信号。这样就出现了三个指标共振、三个周期协同的景象，那就可以坚决按照指标信号交易了。

2.5　如何做趋势交易

2.4 节的内容讲了如何分析趋势，这一节我们沿着分析好的趋势进行交易。期权的趋势交易跟股票和期货的趋势交易不一样，当分析好股票和期货的趋势交易后，就做多或做空即可，没有太多的讲究。而期权比较有讲究，不仅要分析涨跌的幅度，比如大涨（大跌）还是小涨（小跌），还要考虑选择哪个行权价的期权合约或期权策略，所以我们把期权趋势交易分成五步来操作，具体如图 2-25 所示。

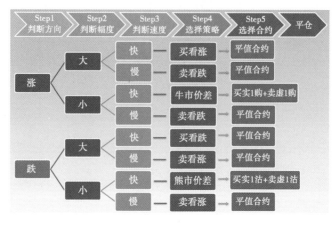

图 2-25

第一步：我们通过趋势分析得出结果——涨或跌，第一步就完成了，这一步跟股票和期货的分析一样。

第二步：当我们判断出涨或跌后，第二步就要给涨或跌加个幅度，是大涨还是小涨，是大跌还是小跌，比如将一个月涨 2%定义为小涨，一个月跌 8%定义为大跌，这样第二步就完成了。

第三步：这一步判断涨跌的速度是快涨还是慢涨，是快跌还是慢跌，比如将一个月内跌 8%定义为快跌，而三个月跌 8%定义为慢跌，就是给涨跌加上时间。这一步是最难的，当然也是最重要的，因为这一步既给出了涨幅，也给出了时间，就是做到了何时见何价，这样做的回报就是使你的资金利用率更高，收益更丰厚。

第四步：完成了前面三步，这一步就简单多了，直接看图选策略。比如判断的结果是"涨—大涨—快涨"，那就选择买入开仓看涨期权（认购期权）；判断的结果是"跌—小跌—慢跌"，那就选择卖出开仓看涨期权（认购期权）。根据不同的结果选择对应的策略就可以了。

第五步：根据第四步选择的策略对应地选择合约，简单的做法就是选择平值合约，即主力合约，对于初学者来说这样做就可以了，但是对于有经验的期权交易者来说，这一步可以做得更加精细，即并不是简单地选择平值合约，而是选择更有优势的合约。

选择什么合约主要考虑两个因素：一个是预计行情会涨跌到什么目标点位，另一个是选择多少倍杠杆来做交易。举例：上证 50ETF 在 2017 年 8 月 21 日收盘价是 2.663 元，我们判断一个月后会涨到 2.85 元以上，这时是选择平值合约购 9 月 2650（如图 2-26 所示），还是选择购 9 月 2850（如图 2-27 所示）呢？我们来看看这两个合约的盈亏结果，如表 2-19 所示。

表 2-19

标的	8 月 21 日收盘价	8 月 28 日收盘价	涨跌	涨跌幅度	杠杆倍数
上证 50ETF	2.663 元	2.788 元	0.125 元	4.69%	—
购 9 月 2650	0.0519	0.1491 元	0.0972 元	187%	31 倍
购 9 月 2850	0.0044 元	0.0267 元	0.0223 元	506%	50 倍

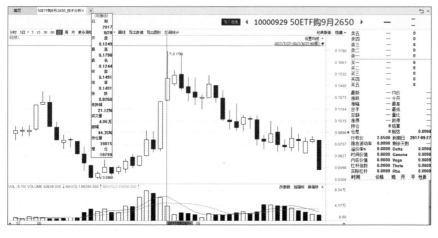

图 2-26

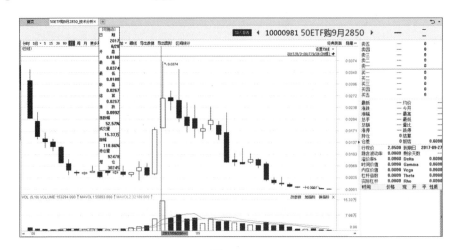

图 2-27

在短短的几天时间里，上证 50ETF 上涨了 4.69%，购 9 月 2650 合约上
涨 187%，当时所用的杠杆是 31 倍，而购 9 月 2850 合约则上涨了 506%，
当时所用的杠杆是 50 倍，选择购 9 月 2850 合约收益比选择购 9 月 2650 合
约收益多 170.59%，所以选对了合约能够得到更丰厚的回报。

第3章

3

期权"驾驶"技术

大家都知道，期权有 4 个交易方向，并且 4 个交易方向之间又可以进行组合，形成不同的策略，达到不同的效果，所以操作起来比较难。为了更好地掌握期权 4 个交易方向的组合应用，我们创立了一套期权"驾驶"技术，把期权交易比作开车，帮助期权投资者更好地学习和构建不同的组合策略。期权驾驶技术包括：首先确定做什么类型的司机，然后确定开什么类型的车，接着是怎么开车，最后就是开车时别忘了系上安全带。下面我们具体介绍一下。

3.1 做什么类型的司机——期权投资者分类

期权投资者大致可以分成两类，一类是投机者，另一类是价值投资者。我们把投机者比喻为赛车手，把价值投资者比喻为日常开车者，如图 3-1 所示。所以，在做期权交易前，先明确你要做什么类型的司机，是做赛车手（投机者）还是日常开车者（价值投资者）。如果想做赛车手，那就务必把本领学好，在熟练掌握理论的同时，还要有足够的实战交易经验，这样才能确保开赛车不会出意外事故。我们建议大家先做日常开车者，既可以开车上班，也可以周末出去度假，享受惬意的生活。

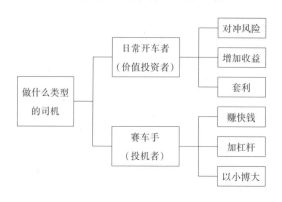

图 3-1

3.2　开什么类型的车——选择投资策略

确定了做什么类型的司机后，就要明确开什么类型的车。日常开车者（价值投资者）可以选择的"车型"（策略）有备兑开仓、保险策略、领口策略、套利策略等，这些做起来都很轻松，可以享受期权带来的稳健投资回报。如果做赛车手，那么所选车型的车速就会快一些，当然对应的风险也会高一些，可以选择的"车型"有裸单边（买入开仓认购期权、买入开仓认沽期权、卖出开仓认购期权、卖出开仓认沽期权）或者组合策略（牛市价差策略、熊市价差策略、买入跨式期权策略、卖出跨式期权策略、比率组合策略等），这些做起来比较复杂，但更能体现期权的博大精深，如图 3-2 所示。

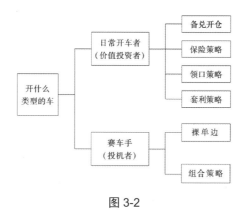

图 3-2

3.3　怎么开车——怎么做期权交易

选好车型之后就是怎么开车了，也就是说怎么做期权交易。这是期权驾驶技术的核心部分，主要包括练车、控制好方向盘和控制好车速，如图 3-3 所示。

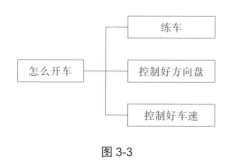

图 3-3

3.3.1　练车——实战前的练习

练车是开车必不可少的一个环节，主要包括以下内容。

（1）掌握期权的理论知识。虽然期权的理论知识有点儿复杂，但是非常重要，所以要先掌握了基础理论知识再进行实操，就像考汽车驾照一样，要先考过理论科目。

（2）熟悉期权交易软件。期权交易软件是一个全新的软件，其不同于股票和期货交易软件，所以必须熟练掌握。

（3）多做期权仿真交易或者用少量资金做实盘练手，小试牛刀，重在体验过程和积累交易经验，资金量从小到大慢慢增加。

3.3.2　控制好方向盘——选择方向

期权有 4 个交易方向，所以怎么选择方向很重要。就像开车一样，控制好方向盘很重要，如果小转弯的情形，操作了一个大转弯，这样车子就会冲出路面发生事故；如果大转弯的情形，操作了一个小转弯，或许车速够慢也能转过去，但效率降低了。同样，对于期权交易来说，如果小涨的情形，操作了一个大涨的方向，可能就赚不到钱，甚至还要亏钱；如果大涨的情形，操作了一个小涨的方向，这样虽然能赚钱，但是盈利很有限。所以期权的 4 个交易方向有对应的市场行情，具体为大涨行情用买入开仓认购期权，大跌行情用买入开仓认沽期权，小涨或不跌用卖出开仓认沽期权，小跌或不涨用卖出开仓认购期权，具体如表 3-1 所示。

表 3-1

市场行情	所用期权
大涨	买入开仓认购期权
小涨或不跌	卖出开仓认沽期权
小跌或不涨	卖出开仓认购期权
大跌	买入开仓认沽期权

3.3.3　控制好车速——构建交易策略

控制好车速是驾驶技术的最实用的部分，如果掌握了，就能知道如何构建不同的期权交易策略,这有助于更快地掌握构建期权交易策略的内容。

控制好车速包括换挡、加油、刹车、熄火等,下面我们简单介绍一下。

(1)"换挡"——更换合约。

就是把原来的期权合约平仓换成另一个期权合约,比如可以将买入开仓认购期权合约换成卖出开仓认沽期权合约,也可以将卖出开仓认购期权合约换成卖出开仓另一个认购期权合约。

(2)"加油"——构建组合策略。

就是把原来的期权合约平仓后换成另一个更虚值的期权合约或者加一个期权合约,构建成组合策略,以求在锁住部分利润后继续参与后面的交易。

(3)"刹车"——加入反方向合约。

就是持有原来的期权合约的同时,加一个反方向的期权合约,构建成组合策略,以求在锁住部分利润后继续参与后面的交易。

(4)"熄火"——平仓。

就是把原来的期权合约平仓,落袋为安。

接下来我们来详细介绍在开仓 4 个期权交易方向后如何应对可能出现的行情,具体如下。

1. 买入开仓认购期权

买入开仓认购期权后,可能会出现 3 种行情,分别是下跌、横盘、上涨,接下来我们详细介绍如何应对这 3 种行情。

买入开仓认购期权后,如果行情下跌,跟我们的预期相反了,这时候简单的做法就是"熄火",止损离场。

买入开仓认购期权后，如果行情横盘震荡，则分两种情况：①做短线交易，尽量在 14:30 前平仓离场；②做中长线交易，继续持有，按原来的交易计划执行。

买入开仓认购期权后，如果行情上涨，跟我们的预期相同，就会开始有盈利了。那么如何在有盈利的情况下做到更优的效果呢？具体操作如表 3-2 所示。

表 3-2

期权类别	涨跌	操作	具体内容	可能
买入开仓认购期权	上涨后	加油	平仓认购期权，用盈利买入开仓较高行权价的认购期权	继续上涨
		刹车	持有认购期权，卖出开仓高一档行权价的认购期权（牛差）	小跌
		换挡	平仓认购期权，卖出开仓相同行权价的认沽期权	不跌
		熄火	平仓，落袋为安	下跌
	下跌后	熄火	平仓，止损离场	下跌

我们通过举例来介绍这 4 个操作："加油""熄火""换挡""刹车"。

（1）"加油"。

假设我们在图 3-4 左下角买入开仓上证 50ETF 购 3 月 2350，预期行情上涨。若行情如我们所预料上涨了，那么在中间出现箭头时，行情可能会下跌、横盘或者继续上涨。当我们判断行情可能继续上涨时，想保住本金，就可以平仓上证 50ETF 购 3 月 2350，用盈利买入开仓更虚一档的认购期权合约上证 50ETF 购 3 月 2400，换一个杠杆更高的期权合约继续看涨。这样的好处是在收回本金的同时用盈利继续看涨，继续参与后面的交易。如果行情下跌了，最多就是把盈利吐回去而已，这个操作就是"加油"动作。

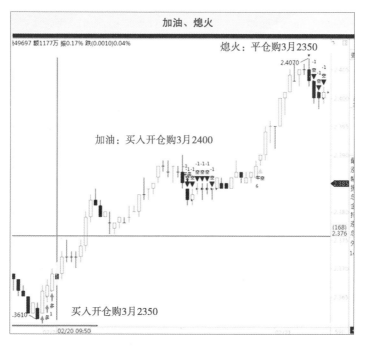

图 3-4

（2）"熄火"。

假设我们在图 3-4 左下角买入开仓上证 50ETF 购 3 月 2350，预期行情上涨，若行情如我们所预料上涨了，在中间出现箭头时仍然持有，那么当行情涨到图 3-4 右上角时，我们判断上涨行情结束，这时候就平仓上证 50ETF 购 3 月 2350，落袋为安，这个操作就是"熄火"动作。

（3）"换挡"。

假设我们在图 3-5 左下角买入开仓上证 50ETF 购 3 月 2350，预期行情上涨，若行情如我们所预料上涨了，那么在中间出现箭头时，行情可能会下跌、横盘或者继续上涨。若我们判断行情可能横盘，买入开仓认购期权就可能要亏损时间价值。为了避免亏损时间价值，我们可以平仓买入开仓上证 50ETF 购 3 月 2350，换成卖出开仓上证 50ETF 沽 3 月 2350，既看涨又赚时间价值，可继续参与后面的交易，这个操作就是"换挡"动作。

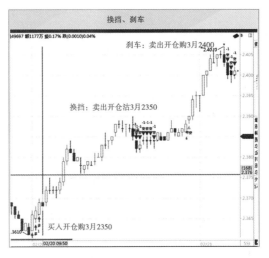

图 3-5

（4）"刹车"。

假设我们在图 3-5 左下角买入开仓上证 50ETF 购 3 月 2350，预期行情上涨，若行情如我们所预料上涨了，那么在中间出现箭头时仍然持有。当行情涨到图 3-5 右上角时，我们判断行情可能小幅回调后继续上涨，想锁住部分利润的同时把风险敞口缩小，这时候我们可以一边持有上证 50ETF 购 3 月 2350，一边卖出开仓上证 50ETF 购 3 月 2400，增补了一张空单，跟原来的多单进行对冲，形成牛市价差策略。这样原期权策略就变成了一个收益有限、风险有限、仍然看涨的组合策略，继续参与后面的交易，这个操作就是"刹车"动作。

2. 买入开仓认沽期权

买入开仓认沽期权后，可能出现 3 种行情，分别是上涨、横盘、下跌，接下来我们详细介绍如何应对这 3 种行情。

买入开仓认沽期权后，如果行情上涨，跟我们的预期相反了，这时候简单的做法就是"熄火"，止损离场。

买入开仓认沽期权后,如果行情横盘震荡,则分两种情况:①做短线交易,尽量在 14:30 前平仓离场;②做中长线交易,继续持有,按原来的交易计划执行。

买入开仓认沽期权后,如果行情下跌,跟我们的预期相同,就会开始有盈利了。那么如何在有盈利的情况下做到更优的效果呢?具体操作如表 3-3 所示。

表 3-3

期权类别	涨跌	操作	具体内容	可能
买入开仓认沽期权	上涨后	熄火	平仓,止损离场	上涨
	下跌后	加油	平仓认沽期权,用盈利买入开仓较低行权价的认沽期权	继续下跌
		刹车	持有认沽期权,卖出开仓较低行权价的认沽期权(熊差)	小涨
		换挡	平仓认沽期权,卖出开仓相同行权价的认购期权	不涨
		熄火	平仓,落袋为安	上涨

我们通过图片举例来介绍这 4 个操作:"加油""熄火""换挡""刹车"。

(1)"加油"。

假设我们在图 3-6 左上角买入开仓上证 50ETF 沽 3 月 2400,预期行情下跌,但行情下跌完以后又可能会上涨、横盘或者继续下跌。当我们判断行情继续下跌时,又想保住本金,就可以平仓上证 50ETF 沽 3 月 2400,用盈利买入开仓更虚一档的认沽期权合约上证 50ETF 沽 3 月 2350,换一个杠杆更高的期权合约继续看跌,这样的好处是在收回本金的同时用盈利继续看跌,继续参与后面的交易。如果行情上涨了,最多就是把盈利吐回去而已,这个操作就是"加油"动作。

图 3-6

（2）"熄火"。

假设我们在图 3-6 左上角买入开仓上证 50ETF 沽 3 月 2400，预期行情下跌，若行情如我们所预料下跌了，则在中间出现箭头时仍然持有。当行情跌到上图右下角时，我们判断下跌行情结束，这时候就平仓上证 50ETF 沽 3 月 2400，落袋为安，这个操作就是"熄火"动作。

（3）"换挡"。

假设我们在图 3-7 左上角买入开仓上证 50ETF 沽 3 月 2400，预期行情下跌，但行情下跌完以后又可能会上涨、横盘或者继续下跌。当我们判断行情可能横盘时，买入开仓认沽期权就可能要亏损时间价值。为了避免亏损时间价值，想赚时间价值，就可以平仓上证 50ETF 沽 3 月 2400，换成卖出开仓上证 50ETF 购 3 月 2400，既看跌又赚取时间价值，继续参与后面的交易，这个操作就是"换挡"动作。

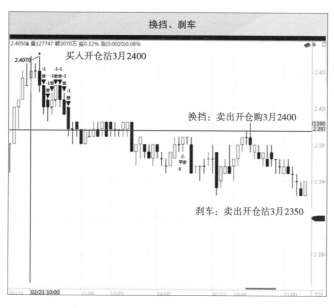

图 3-7

（4）"刹车"。

假设我们在图 3-7 左上角买入开仓上证 50ETF 沽 3 月 2400，预期行情下跌，若行情如我们所预料下跌了，则在中间出现箭头时仍然持有。当行情跌到图 3-7 右下角时，我们判断行情可能小幅上涨后继续下跌，想锁住部分利润的同时把风险敞口缩小，这时候可以一边持有上证 50ETF 沽 3 月 2400，一边卖出开仓上证 50ETF 沽 3 月 2350，增补了一张多单，跟原来的空单进行对冲，形成熊市价差策略。这样原期权策略就变成了一个收益有限、风险有限、仍然看跌的组合策略，继续参与后面的交易，这个操作就是"刹车"动作。

3. 卖出开仓认购期权

卖出开仓认购期权后，可能出现 3 种行情，分别是上涨、横盘、下跌，接下来我们详细介绍如何应对这 3 种行情。

卖出开仓认购期权后，如果行情上涨，跟我们的预期相反了，这时简单的做法就是熄火，止损离场。

卖出开仓认购期权后，如果行情横盘震荡，则分两种情况：①做短线交易，尽量在 14:55 前平仓离场；②做中长线交易，继续持有，按原来的交易计划执行。

卖出开仓认购期权后，如果行情下跌，跟我们的预期相同，就会开始有盈利了。那么如何在有盈利的情况下做到更优的效果呢？具体操作如表 3-4 所示。

表 3-4

期权类别	涨跌	操作	具体内容	可能
卖出开仓认购期权	上涨后	熄火	平仓，止损离场	上涨
	下跌后	换挡	平仓认购期权，卖出开仓低一档行权价的认购期权	继续下跌
		加油	持有原期权合约，买入开仓高一档行权价的认购期权（熊差）	小涨
		刹车	持有原期权合约，卖出开仓低一档的认沽期权（反跨式）	不跌
		熄火	平仓，落袋为安	上涨
		不动	持有到到期	不涨

下面我们通过举例来介绍剩余 5 个操作："加油""熄火""换挡""刹车""不动"。

（1）"加油"。

假设我们在图 3-8 左上角卖出开仓上证 50ETF 购 3 月 2400，预期行情下跌，若行情如我们所预料下跌了，则在中间出现箭头时，行情可能还会上涨、横盘或者继续下跌。当我们判断行情小幅上涨后继续下跌时，想锁住部分盈利的同时把风险敞口缩小，这时可以一边持有卖出开仓上证 50ETF 购 3 月 2400，一边买入开仓更高一档的认购期权合约购 3 月 2450，增补了一张多单，跟原来的空单进行对冲，形成熊市价差策略。这样原期权策略就变成了一个收益有限、风险有限、仍然看跌的组合策略，继续参与后面的交易，这个操作就是"加油"动作。

图 3-8

（2）"熄火"。

假设我们在图 3-8 左上角卖出开仓上证 50ETF 购 3 月 2400，预期行情下跌，若行情如我们所预料下跌了，当行情跌到图 3-8 右下角时，判断下跌行情结束，这时候平仓上证 50ETF 购 3 月 2400，落袋为安，这个操作就是"熄火"动作。

（3）"换挡"。

假设我们在图 3-9 左上角卖出开仓上证 50ETF 购 3 月 2400，预期行情下跌，若行情如我们所预料下跌了，则在中间出现箭头时，行情可能会上涨、横盘或者继续下跌。若我们判断行情可能继续下跌，那么持有原来卖出开仓上证 50ETF 购 2400 的期权合约利润已经很少了，想要赚更多的利润，就可以将买入平仓上证 50ETF 购 3 月 2400，换成卖出开仓上证 50ETF 购 3 月 2350，换成更低一档的认购期权合约，继续参与后面的交易，这个操作就是"换挡"动作。

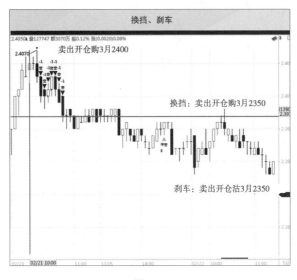

图 3-9

（4）"刹车"。

假设我们在图 3-9 左上角卖出开仓上证 50ETF 购 3 月 2400，预期行情下跌，若行情如我们所预料下跌了，则在中间出现箭头时仍然持有。当行情跌到图 3-9 右下角时，我们判断行情可能进入震荡整理了，这时候持有卖出开仓上证 50ETF 购 3 月 2400 的同时，增补了一张多单卖出开仓上证 50ETF 沽 3 月 2350，构建成应对横盘震荡的策略，即卖出宽跨式期权策略，继续参与后面的交易，这个操作就是"刹车"动作。

（5）"不动"。

如果判断行情继续横盘震荡或下跌，则可以继续持有该合约到期，这个操作就是"不动"动作。

4．卖出开仓认沽期权

卖出开仓认沽期权后，可能出现 3 种行情，分别是下跌、横盘、上涨，接下来我们详细介绍如何应对这 3 种行情。

卖出开仓认沽期权后，如果行情下跌，跟我们的预期相反了，这时候简单的做法就是"熄火"，止损离场。

卖出开仓认沽期权后，如果行情横盘震荡，则分两种情况：①做短线交易，尽量在 14:55 前平仓离场；②做中长线交易，继续持有，按原来的交易计划执行。

卖出开仓认沽期权后，如果行情上涨，跟我们的预期相同，就会开始有盈利了。那如何在有盈利的情况下做到更优的效果呢？具体操作如表 3-5 所示。

表 3-5

期权类别	涨跌	操作	具体内容	可能
卖出开仓认沽期权	上涨后	换挡	平仓认沽期权，卖出开仓高一档行权价的认沽期权	继续上涨
		加油	持有原期权合约，买入开仓低一档行权价的认沽期权（牛差）	小涨
		刹车	持有原期权合约，卖出开仓高一档行权价的认购期权（反跨式）	不涨
		熄火	平仓，落袋为安	下跌
		不动	持有到到期	不跌
	下跌后	熄火	平仓，止损离场	下跌

下面我们通过举例来介绍"加油""熄火""换挡""刹车""不动"这 5 个操作。

（1）"加油"。

假设我们在图 3-10 左下角卖出开仓上证 50ETF 沽 3 月 2350，预期行情上涨，若行情如我们所预料上涨了，则在中间出现箭头时，行情可能会下跌、横盘或者继续上涨。当我们判断行情小幅下跌后继续上涨时，想锁住部分盈利的同时把风险敞口缩小，这时可以一边持有卖出开仓上证50ETF沽3月2350，一边买入开仓更低一档的认沽期权合约上证50ETF沽3月2300，增补了一张空单，跟原来的多单进行对冲，形成牛市价差策略。这样原期权策略就变成了一个收益有限、风险有限、仍然看涨的组合策略，继续参与后面的交易，这个操作就是"加油"动作。

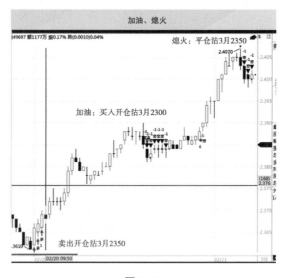

图 3-10

（2）"熄火"。

假设我们在图 3-10 左下角卖出开仓上证 50ETF 沽 3 月 2350，预期行情上涨，若行情如我们所预料上涨了，则在中间出现箭头时仍然持有，当行情涨到图 3-10 右上角时，判断上涨行情结束，这时候平仓上证 50ETF 沽 3 月 2350，落袋为安，这个操作就是"熄火"动作。

（3）"换挡"。

假设我们在图 3-11 左下角卖出开仓上证 50ETF 沽 3 月 2350，预期行情上涨，若行情如我们所预料上涨了，则在中间出现箭头时，行情可能还会下跌、横盘或者继续上涨。当我们判断行情可能继续上涨时，持有原来卖出开仓上证 50ETF 沽 3 月 2350 的期权合约利润已经很少了，若想赚取更多的利润，就可以将买入平仓上证 50ETF 沽 3 月 2350，换成卖出开仓上证 50ETF 沽 3 月 2400，换成更高一档的认沽期权合约，继续参与后面的交易，这个操作就是"换挡"动作。

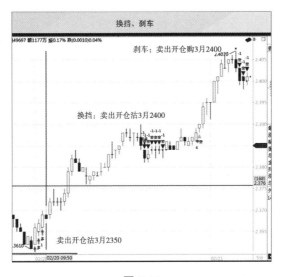

图 3-11

（4）"刹车"。

假设我们在图 3-11 左下角卖出开仓上证 50ETF 沽 3 月 2350，预期行情上涨，若行情如我们所预料上涨了，则在中间出现箭头时仍然持有。当行情涨到图 3-11 右上角时，判断行情可能进入震荡整理了，这时候持有卖出开仓上证 50ETF 沽 3 月 2350 的同时，增补了一张空单，卖出开仓上证 50ETF 购 3 月 2400，构建成应对横盘震荡的策略，即卖出宽跨式期权策略，继续参与后面的交易，这个操作就是"刹车"动作。

（5）"不动"。

如果判断行情继续横盘震荡或上涨，则可以继续持有该合约到期，这个操作就是"不动"动作。

3.4　系上安全带——做好风险管理

在金融市场里，保住本金才是最重要的，换句话说就是做好风险管理才能长久立足于金融市场。风险管理的内容包括 3 个方面：严格执行交易计划、止损和盯盘。

3.4.1　严格执行交易计划

期权跟股票和期货相比，更重视时间这个因素，因为期权的价格里包含了一部分时间价值，这个时间价值会随着时间的流逝而减少，所以要更加重视进出场点，必须制订好交易计划，当触发到设定的条件时该出场时就出场。特别对于权利仓来说，多坚持一天，理论上就要多亏一天的时间价值，所以要严格执行交易计划，做到更好地控制风险。

3.4.2　止损

止损时务必坚决，不要寄希望于标的物价格会反向回来，这样很可能面临更大的亏损。也不要顾虑之前的投入而不愿意承担亏损，这些已是沉没成本，不应该成为决策的绊脚石，而应该果断止损后等待下一次交易机会。

我们把止损分为静态止损和动态止损。静态止损是在期权交易系统中设定固定的止损价，只要触发止损价就自动止损，或者自己根据行情手动止损。动态止损使用技术分析指标来止损，比如 MACD 指标或 KDJ 指标，只要触发止损条件，就坚决执行止损操作。

3.4.3　盯盘

期权是 T+0 的交易品种，并且每天行情波动比较大，每天涨跌 30% 是很正常的，甚至有时候一天能涨 200 倍以上，然后又跌回来。所以交易期权必须盯盘，及时把握交易的节奏。当然，如果做趋势交易，就不用紧盯盘了，只要偶尔关注一下行情就可以。

第 3 篇　期权策略篇

第 4 章

期权实战"九种武器"

期权实战"九种武器"对应的是九种不同的期权实战策略,"九种武器"分别是倚天剑、屠龙刀、长生剑、孔雀翎、碧玉刀、多情环、霸王枪、离别钩、拳头,倚天剑和屠龙刀是著名武侠小说作家金庸所著的长篇小说《倚天屠龙记》中出现的。后七种武器是著名武侠小说作家古龙所著作品《七种武器》中出现的,这七种武器非一般江湖武器(除了拳头),件件精妙绝伦,令人闻风丧胆。本章内容借"九种武器"的用法来阐释九种不同的期权实战策略的用法,希望通过这种方式帮助投资者更好地掌握期权实战交易策略。

4.1 倚天剑(保险策略)

倚天剑,九种武器中的第一种武器,是金庸小说《倚天屠龙记》中的名剑,剑内藏有《九阴真经》以及"降龙十八掌"的掌法。传说:"武林至尊,宝刀屠龙,号令天下,莫敢不从!倚天不出,谁与争锋?"倚天剑是金庸小说中的第一剑,由玄铁重剑混合西方精金所铸,锋利无比,威力无穷。倚天剑就像期权实战交易策略中的保险策略，该策略是由标的物和认沽期权混合组成的，在有保护的情况下全力出击，收益无穷。

杀伤力5颗星：☆☆☆☆☆

"武器"用法如表4-1所示，保险策略盈亏图如图4-1所示。

表4-1

如何构建	买入开仓标的物，同时买入标的物的看跌期权（通常为浅虚值看跌期权）
最大盈利	理论上无限
最大亏损	购买标的物的成本-看跌期权的行权价+看跌期权权利金
盈亏平衡点	购买标的物的价格+看跌期权权利金
行权价和 合约月份选择	行权价选择平值或者浅虚值的期权合约 月份的选择视想获得保护的时间长短而定

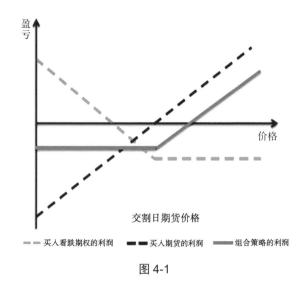

图 4-1

使用时机：

当预期标的物价格会上涨，但又怕标的物价格会下跌到不能承受的心理价格时使用保险策略。

实战用法:

我们在 2024 年 10 月 11 日买入开仓 1 手黄金期货 au2412 合约,同时买入开仓 1 张黄金期货 au2412 的看跌期权 au2412-P-584,构建方式如表 4-2 所示,保险策略行情图如图 4-2 所示。

表 4-2

如何构建	买入开仓黄金期货 au2412 合约,价格:597.38 元 同时买入黄金期货合约的看跌期权 au2412-P-584,价格:6.82 元
构建理由	怕黄金期货 au2412 的价格会下跌到 584 元以下,但又看涨
最大盈利	理论上无限
最大亏损	(597.38−584+6.82)×1000=20200.0 元
盈亏平衡点	597.38+6.82=604.2 元
行权价和 月份选择	浅虚值的行权价为 584 元 选择 12 月的期权合约 au2412-P-584

图 4-2

盈亏效果如表 4-3 所示,从表中可以看出,只买入黄金期货 au2412 合约的盈利幅度为 5.54%,持有保险策略的盈利幅度约为 4.71%,因为黄金期货 au2412 价格没有下跌，所以买入开仓看跌期权没有起到保护作用。如果发生系统性风险，就能看出看跌期权的保护作用了。若该例子中黄金期货 au2412 价格上涨，就要多付出买入开仓看跌期权的成本，但大部分的收益还是可以得到的。

表4-3

标的	10月11日价格	11月2日价格	盈亏	盈亏幅度	备注
黄金期货 au2412	597.38 元	630.50 元	33.12 元	5.54%	价格未乘以乘数 1000
看跌期权 au2412-P-584	6.82 元	2.18 元	-4.64 元	-68.04%	
只买黄金期货 au2412	597.38 元	630.50 元	33.12 元	5.54%	
持有保险策略	597.38+6.82=604.2 元	630.50+2.18=632.68 元	28.48 元	4.71%≈28.48/604.2	

使用要领：

（1）构建该策略时可以错时开仓，比如先买入黄金期货 au2412 合约，等上涨后再买入开仓看跌期权，这样可以先锁住部分利润。

（2）选择平值行权价的保护力度比买入开仓浅虚值的保护力度更强。

（3）该策略可以反向构建，也就是说卖出开仓黄金期货 au2412 合约做空，同时买入开仓看涨期权做保护。

"武器"弱点：

行情的小幅波动对该策略不利，因为看跌期权的价值每天都在衰减，到期时会亏完。

防御招式：

（1）期权还没到期时。

当黄金期货 au2412 价格大幅下跌时（比如跌到 580.0 元），若觉得已经跌到支撑价,则卖出平仓看跌期权 au2412-P-584,继续持有黄金期货 au2412 合约博一下反弹,之后平仓黄金期货 au2412 或者重新买回看跌期权 au2412-P-584。

当黄金期货 au2412 价格大幅上涨时(比如涨到 630.0 元),若觉得已经 涨到压力价了,则择机卖出平仓黄金期货 au2412 合约,继续持有 au2412-P-584 或者平仓。

(2)期权临近到期日时。

当黄金期货 au2412 价格在 584.0 元以下时,卖出平仓看跌期权 au2412-P-584,继续持有黄金期货 au2412 合约或者重新构建保险策略。

当黄金期货 au2412 价格在 584.0 元以上时,不卖出平仓看跌期权 au2412-P-584,择机卖出平仓黄金期货 au2412 合约或者重新构建保险策略。

升级用法:

保险策略中的"期货合约+期权合约"的组合,可以升级为"期权合约 +期权合约"组合。用期权合约代替期货合约,就是说选择深度实值的期权 合约,该合约的 Delta>0.9,Delta 越接近 1 越好。如果没有符合该条件的合 约,就选择目前最实值的期权合约,但要看看这个合约能不能成交,有没 有持仓量。这种升级用法我们在股票期权上已经用实盘数据检验过了,效 果是可以的。

将保险策略升级的优势如下。

第一,没有爆仓的风险,买入开仓 1 张深实值的看涨期权 au2412-C-568 最多就跌到 0 元,亏损全部权利金,而买入开仓 1 手黄金期货 au2412 有爆 仓的风险。

第二,该策略在建仓后就知道最大亏损是多少,用公式可以马上算出来。

第三，提高资金利用率。买入开仓 1 张深实值的看涨期权 au2412-C-568 占用资金为 33 000 元，买入开仓 1 手黄金期货 au2412 占用资金为 59 738.0 元（按照 10%保证金计算）。这一点在商品期货期权中的表现不是很明显，但在股票期权中就很明显，比如买入开仓 1 张上证 50ETF 购 11 月 2600 的认购期权占用资金为 1882 元，而买入 10 000 股上证 50ETF 股票占用的资金为 27620 元。

4.2 屠龙刀（备兑开仓策略）

屠龙刀，九种武器中的第二种武器，是金庸小说中的第一宝刀，与倚天剑齐名。"屠龙刀有百余斤重，锋利无比，无坚不摧，强力磁性能吸天下暗器"，被武林人视为宝物。

屠龙刀就像期权交易策略中的备兑开仓策略，该策略是由标的物和看涨期权混合组成的，在有限保护下可提高持仓收益，相当于降低了持仓成本，是一种增强收益的策略。

杀伤力 3 颗星：☆☆☆

"武器"用法如表 4-4 所示，备兑开仓策略盈亏图如图 4-3 所示。

表 4-4

如何构建	买入标的物，同时卖出开仓标的物的看涨期权（通常为浅虚值看涨期权）
最大盈利	（看涨期权行权价-标的物成本价+看涨期权权利金）×股票数
最大亏损	（购买标的物的成本-看涨期权权利金）×股票数
盈亏平衡点	购买标的物的成本-看涨期权权利金
行权价和 合约月份选择	行权价选择平值或者浅虚值的期权合约 一般选择当月或者主力月份的期权合约

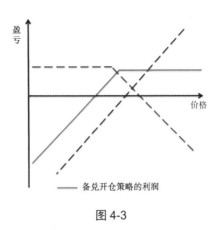

图 4-3

使用时机：

当预计标的物的价格变化较小时使用备兑开仓策略。

实战用法：

我们在 2024 年 10 月 21 日买入开仓 10 000 股沪深 300ETF 股票（代码：510300），同时卖出开仓 1 张虚值一档认购期权沪深 300ETF 购 11 月 4100，预计后市沪深 300ETF 会缓慢上涨，沪深 300ETF 当天收盘价为 4.016 元，构建方式如表 4-5 所示，备兑开仓策略行情图如图 4-4 所示。

表 4-5

如何构建	买入开仓 10 000 股沪深 300ETF 股票，价格：4.016 元 卖出开仓 1 张虚值一档认购期权沪深 300ETF 购 11 月 4100，价格：0.1185 元
构建理由	预计沪深 300ETF 将要缓慢上涨，涨到目标价位 4.100 元附近
最大盈利	（4.100-4.016+0.1185）×10 000=2025.0 元
最大亏损	（4.016-0.1185）×10 000=38 975.0 元（无限）
盈亏平衡点	4.016-0.1185=3.8975 元
行权价和 月份选择	选择虚值一档行权价的认购期权沪深 300ETF 购 11 月 4100 选择 11 月的下半月合约

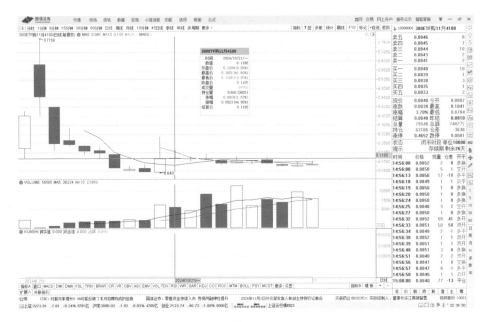

图 4-4

　　盈亏效果如表 4-6 所示，从表中可以看出，沪深 300ETF 从 2024 年 10
月 21 日的收盘价 4.016 元，跌到 11 月 1 日的收盘价 3.979 元，下跌 0.92%，
而看涨备兑开仓策略亏损约 0.06%。虽然沪深 300ETF 下跌了 0.0370 元，
但是卖出开仓沪深 300ETF 购 11 月 4100 盈利 0.0345 元，最后备兑开仓策
略就只亏损了 0.0025 元。因为卖出开仓认购期权沪深 300ETF 购 11 月 4100
起到了一定的增强收益的作用，抵消了沪深 300ETF 下跌的部分亏损。

表 4-6

标的	10 月 21 日价格	11 月 1 日价格	盈亏值	盈亏幅度	备注
沪深 300ETF	4.016 元	3.979 元	−0.0370 元	−0.92%	价格未乘以乘数 10 000
沪深 300ETF 购 11 月 4100	0.1185 元	0.0840 元	−0.0345 元	−29.11%	
备兑开仓策略	4.016−0.1185=3.8975 元	3.979−0.0840=3.895 元	3.895−3.8975=−0.0025 元	−0.06%≈−0.0025/4.016	

使用要领：

（1）构建该策略时可以错时开仓，比如先买入沪深 300ETF 股票，等上涨后再卖出开仓认购期权，这样可以先锁住部分利润。

（2）选择卖出开仓平值行权价的认购期权，因为其保护力度比卖出开仓浅虚值认购期权的保护力度更强，但总体的收益率可能会降低。

（3）该策略可以反向构建，也就是说卖出开仓标的物做空，同时卖出开仓认沽期权做多。

"武器"弱点：

备兑开仓策略最大的弱点就是，怕下跌，因为持有标的物，所以下跌时要做好对标的物的保护，避免大亏损。如何保护？第一，多卖出开仓 1 张或者 0.5 张更虚值的认购期权购 11 月 4200，盘中及时平仓多卖的期权合约；第二，买入开仓 1 张或者 0.5 张浅虚值认沽期权沽 11 月 3900。

防御招式：

（1）期权还没到期时。

当沪深 300ETF 的价格大幅下跌时（比如跌到 3.90 元），若觉得已经跌到支撑价，则买入平仓认购期权沪深 300ETF 购 11 月 4100，继续持有沪深 300ETF 博一下反弹机会，等反弹到位时再卖出开仓认购期权沪深 300ETF 购 11 月 4100。

当沪深 300ETF 价格大幅上涨时（比如涨到 4.20 元），择机买入平仓认购期权沪深 300ETF 购 11 月 4100，同时卖出开仓认购期权沪深 300ETF 购 11 月 4200，把期权合约向上移仓。

（2）期权临近到期日时。

当沪深 300ETF 价格在 4.10 元以下时，不买入平仓认购期权沪深

300ETF 购 11 月 4100，并卖出平仓沪深 300ETF，然后重新构建备兑开仓策略。

当沪深 300ETF 价格在 4.10 元以上时，买入平仓认购期权沪深 300ETF 购 11 月 4100，择机卖出开仓下个月的认购期权沪深 300ETF 购 12 月 4200，重新构建备兑开仓策略。

升级用法：

我们可以将"标的物+期权合约"的组合，升级为"期权合约+期权合约"的组合。用期权合约代替标的物，即我们可以选择深度实值的期权合约，该合约的 Delta>0.9，Delta 越接近 1 越好。如果没有符合该条件的合约就选择目前最实值的期权合约，这种升级用法我们已经用实盘数据检验过了，效果是可以的。

备兑开仓策略升级的优势如下。

第一，没有无限亏损的风险，买入开仓深实值的认购期权沪深 300ETF 购 4 月 3700 最多就是跌到 0 元，亏损全部权利金，而买入开仓沪深 300ETF 有无限亏损的风险。

第二，该策略在建仓后就知道盈亏区间在哪里，通过公式可以计算出来。

第三，提高资金利用率。这一点在商品期货期权上不是很明显，但在沪深 300ETF 期权上就很明显，比如买入开仓 1 张沪深 300ETF 购 11 月 3700 的认购期权占用资金为 3094 元，同时卖出开仓认购期权沪深 300ETF 购 11 月 4100，构建成大号牛市价差。而买入 10 000 股股票现货要占用的资金为 40 160 元。

4.3　长生剑（牛市价差策略）

长生剑，九种武器中的第三种武器，是古龙小说《七种武器》中的第一种武器。长生剑是一把神奇的剑，为白玉京所配，剑名来自于李白的诗："仙人抚我顶，结发受长生。"陈旧的剑鞘，缠在剑柄上的缎子也同样陈旧，表面上根本看不出它有什么杀气。然而这陈旧剑鞘中的剑却锋利得可怕，这就是江湖中最可怕的一把剑——长生剑！长生剑就像期权策略中的牛市价差策略，这种策略不仅能获得标的物价格上升部分的盈利，还能控制下跌的亏损下限，是一种进可攻、退可守的策略。

杀伤力 4 颗星：☆☆☆☆

"武器"用法如表 4-7 所示，牛市价差策略盈亏图如图 4-5 所示。

表 4-7

如何构建	买入开仓 1 张较低行权价 K_1 的认购期权，同时卖出开仓 1 张相同月份、较高行权价 K_2 的认购期权，$K_2 > K_1$
最大盈利	K_2 认购期权行权价-K_1 认购期权行权价-净权利金
最大亏损	K_1 认购期权权利金-K_2 认购期权权利金
盈亏平衡点	K_1 认购期权行权价+两张期权净权利金
行权价和合约月份选择	K_1 行权价选择平值或上下一档期权合约，K_2 选择浅虚值或平值期权合约 一般选择当月或者主力月份的期权合约

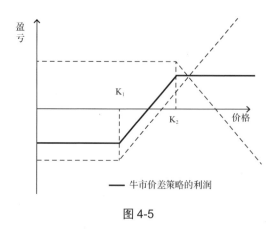

图 4-5

使用时机：

当预计标的物的价格温和上涨，涨到目标价 K_2 时使用牛市价差策略。

实战用法：

我们在 2024 年 10 月 18 日构建牛市价差策略，预计后市会温和上涨，中证 500ETF（代码：510500）当天收盘价为 5.737 元，买入开仓 1 张中证 500ETF 购 11 月 5500，卖出开仓 1 张中证 500ETF 购 11 月 6000，构建方式如表 4-8 所示，牛市价差策略行情图如图 4-6 和图 4-7 所示。

表 4-8

如何构建	买入开仓 1 张中证 500ETF 购 11 月 5500，价格：0.3473 元 同时卖出开仓 1 张中证 500ETF 购 11 月 6000，价格：0.1738 元
构建理由	预计中证 500ETF 价格上涨，涨到 6.00 元
最大盈利	[6.000−5.500−（0.3473−0.1738）]×10 000=3265.0 元
最大亏损	（0.3473−0.1738）×10 000=1735.0 元
盈亏平衡点	5.500+0.3473−0.1738=5.6735 元
行权价和月份选择	K_1 行权价选择实值一档合约购 11 月 5500，K_2 选择虚值一档合约购 11 月 6000 选择 11 月份下半月的期权合约，因为当月的 10 月合约快到期了

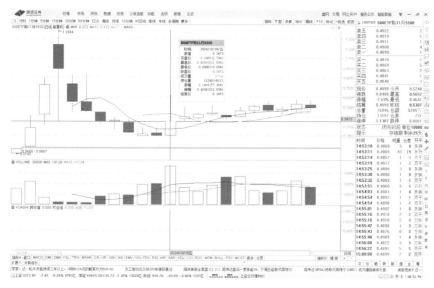

图 4-6

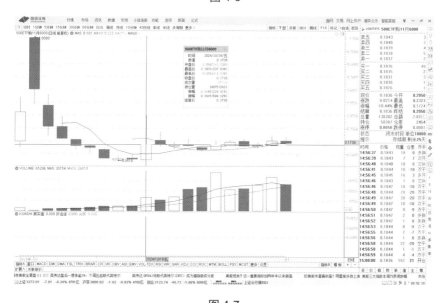

图 4-7

　　盈亏效果如表 4-9 所示，从表中可以看出，中证 500ETF 从 2024 年 10 月 18 日的收盘价 5.737 元，涨到 11 月 1 日的收盘价 5.946 元，上涨 3.64%。而牛市价差策略一组盈利 1328.0 元，卖出开仓占用保证金约 7000.0 元，则该策略收益率为 1328.0/7000.0≈18.97%，不算保证金占用的收益率约为 76.54%。标的物价格快涨到我们预期的目标价，所以收益率比较高。因为标的物还没有到到期日，所以目前收益比最大收益少一些，如果到期日的中证 500ETF 保持在 6.00 元及以上，就可以获得最大盈利 3265.0 元了。

表 4-9

标的	10 月 18 日价格	11 月 1 日价格	盈亏	盈亏幅度	备注
中证 500ETF	5.737 元	5.946 元	0.209 元	3.64%	
中证 500ETF 购 11 月 5500	0.3473 元	0.4899 元	0.1416 元	40.77%	价格未乘以乘数 10 000
中证 500ETF 购 11 月 6000	0.1738 元	0.1836 元	0.0098 元	5.64%	
牛市价差策略	0.3473-0.1738=0.1735 元	0.4899-0.1836=0.3063 元	0.3063-0.1735=0.1328 元	76.54%≈0.1328/0.1735	

使用要领：

（1）构建该策略时可以错时开仓，比如先买入开仓较低行权价 K_1 的认购期权，等上涨后再卖出开仓较高行权价 K_2 的认购期权，这样可以先锁住部分利润。

（2）牛市价差策略也可以用认沽期权构建，同样也是买入开仓 1 张较低行权价 K_1 的认沽期权，同时卖出开仓 1 张相同月份、较高行权价 K_2 的认沽期权，$K_2 > K_1$。

（3）牛市价差可以构建 3 种不同的组合，分别为保守型、稳健型、进取型组合。假设上证 50ETF 现在价格是 2.90 元，那么保守型的牛市价差策略是买入开仓购 12 月 2850，卖出开仓购 12 月 2900；稳健型的牛市价差策略是买入开仓购 12 月 2850，卖出开仓购 12 月 2950；进取型的牛市价差策略是买入开仓购 12 月 2950，卖出开仓购 12 月 3000。3 个组合的盈亏图如图 4-8～图 4-10 所示。

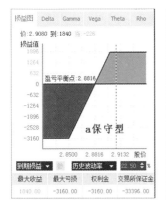 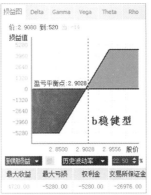 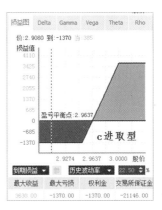

图 4-8   图 4-9   图 4-10

（4）保守型的牛市价差策略获胜的概率高、赔率低；进取型的牛市价差策略获胜的概率低、赔率高；稳健型的牛市价差策略盈亏比比较适中。

"武器"弱点：

怕行情温和下跌，因为是看涨的策略，所以下跌就亏损，但亏损有限。

防御招式：

（1）期权还没到期时。

当标的物中证 500ETF 的价格下跌时，若觉得价格比较难涨回去，则多卖出开仓 0.5 倍或者 1 倍较高行权价 K_2 的认购期权，也可以多卖出开仓 1 倍更高行权价的认购期权，等跌到支撑位时再把加卖的认购期权平仓。

当标的物中证 500ETF 的价格大幅上涨时，可以择机买入平仓较高行权价 K_2 的认购期权，同时卖出开仓更高行权价 K_3 的认购期权，把期权合约向上移仓，或者重新构建牛市价差策略。

（2）期权临近到期日时。

当标的物中证 500ETF 的价格跌到较低行权价 K_1 以下时，持有两张期权合约到到期，或者平仓后重新构建牛市价差策略。

当标的物中证 500ETF 的价格在行权价 K_1 和 K_2 之间时，买入平仓较低行权价 K_1 的认购期权，收回部分权利金，持有较高行权价 K_2 的认购期权到到期。

当标的物中证 500ETF 的价格涨到较高行权价 K_2 以上时，在平仓两张期权合约后重新构建牛市价差策略。

升级用法：

在牛市价差策略中，我们一般选择"买低一档的期权合约+卖高一档的期权合约"的组合，但我们可以升级为"买深实值的期权合约+卖虚一档的期权合约"的组合，用深实值的期权合约代替实一档的期权合约，选择深实值的期权合约的时间价值越小越好，或者选择 Delta>0.9 的合约。

该策略升级的优势：减少了一些时间价值的损失，也就是说可以多赚一些时间价值来增加收益，但是如果行情下跌，则亏损也会相对多一些。

4.4 孔雀翎（买入跨式期权策略）

孔雀翎，九种武器中的第四种武器，是古龙小说《七种武器》中的第二种武器。天下暗器共有 360 余种，但其中最成功的就是孔雀翎。孔雀翎虽然使用简单，但是威力无边。据说在孔雀翎发动之时，暗器四射，如孔雀开屏，光芒万丈，而敌人在目眩神迷之际便已魂飞魄散。孔雀翎就像期权策略中的买入跨式期权策略，该策略使用方法简单，却威力巨大，看似没有方向，但在行情发动之时，不管是大涨还是大跌，都能大获全胜。

杀伤力 4 颗星：☆☆☆☆

"武器"用法如表 4-10 所示，买入跨式期权策略盈亏图如图 4-11 所示。

表 4-10

如何构建	买入开仓相同月份、相同行权价的 1 张平值认购期权和 1 张平值认沽期权
最大盈利	理论上无限
最大亏损	认购期权权利金+认沽期权权利金
盈亏平衡点	平值行权价+净权利金或平值行权价-净权利金
行权价和 合约月份选择	行权价都选择平值的期权合约 一般选择当月或者主力月份的期权合约

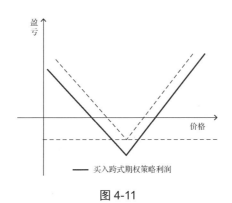

图 4-11

使用时机：

当预计标的物将要突破横盘震荡行情或者有重大事件公布，波动将变大时使用买入跨式期权策略。

实战用法：

我们在 2024 年 10 月 25 日构建买入跨式期权策略，预计后市要突破横盘震荡行情。上证 50ETF 当天收盘价为 2.793 元，买入开仓 1 张上证 50ETF 购 11 月 2800，同时买入开仓 1 张上证 50ETF 沽 11 月 2800，构建方式如表 4-11 所示，买入跨式期权策略行情图如图 4-12 和图 4-13 所示。

表 4-11

如何构建	买入开仓 1 张上证 50ETF 购 11 月 2800，价格：0.0780 元
	买入开仓 1 张上证 50ETF 沽 11 月 2800，价格：0.0793 元
构建理由	预计后市要突破横盘震荡行情，要么上涨，要么下跌
最大盈利	理论上无限
最大亏损	（0.0780+0.0793）×10 000=1573.0 元
盈亏平衡点	2.80-0.1573=2.6427 元 或 2.80+0.1573=2.9573 元
行权价和 月份选择	选择平值合约上证 50ETF 购 11 月 2800 和平值合约上证 50ETF 沽 11 月 2800 选择 11 月份当月的期权合约

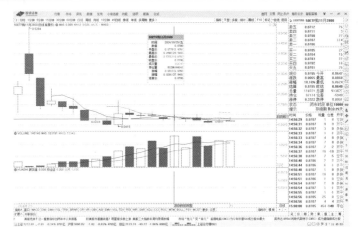

图 4-12

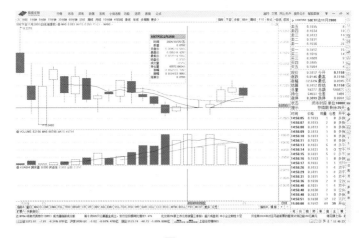

图 4-13

盈亏效果如表 4-12 所示，从表中可以看出，上证 50ETF 从 2024 年 10 月 25 日的收盘价 2.793 元，跌到 11 月 1 日的收盘价 2.762 元，下跌约 1.11%。而买入跨式期权策略一组盈利 224.0 元，收益率约为 14.24%，盈利比较少，因为上证 50ETF 下跌得不多。

表 4-12

标的	10 月 25 日价格	11 月 1 日价格	盈亏	盈亏幅度	备注
上证 50ETF	2.793 元	2.762 元	−0.031 元	−1.11%	
上证 50ETF 购 11 月 2800	0.0780 元	0.0785 元	0.0005 元	0.64%	价格未乘以乘数 10 000
上证 50ETF 沽 11 月 2800	0.0793 元	0.1012 元	0.0219 元	27.62%	
买入跨式期权策略	0.0780+0.0793=0.1573 元	0.0785+0.1012=0.1797 元	0.1797−0.1573=0.0224 元	14.24%≈0.0224/0.1573	

使用要领：

（1）构建该策略时尽量使买入开仓认购期权的金额等于买入开仓认沽期权的金额，也就是尽量保持 Delta 中性，这样效果会好一些。

（2）构建该策略需要支付的权利金比较多，但获利需要标的物价格波动比较小，而买入宽跨式期权策略需要支付的权利金比较少，但获利需要标的物价格波动比较大。

（3）出现这几种情况时构建该策略会比较好：横盘震荡行情将要被突破；波动率比较低；标的物的几条均线粘合在一起；即将有重大事件公布。

（4）如果因为重大事件的原因买入跨式期权策略，那么当重大事件公布结果时就及时平仓该策略。也有可能在重大事件公布前一天波动率就已经升高了，这时候也可以考虑平仓该策略。

"武器"弱点：

最大弱点就是，怕标的物价格没有明确的方向，继续横盘震荡。

防御招式：

（1）期权还没到期时。

当标的物上证 50ETF 的价格大跌时，先卖出平仓认沽期权，等价格反弹后再卖出平仓认购期权。当标的物上证 50ETF 的价格大涨时，先卖出平仓认购期权，等价格回调后再卖出平仓认沽期权，也就是说哪边赚钱先平仓哪边，留着亏钱的一边等行情反转后再平仓。

（2）期权临近到期日时。

直接平仓该策略，如果有一边剩余的权利金已经小于平仓手续费了，就不平仓。

升级用法：

在使用买入跨式期权策略时，我们一般选择"平值认购期权合约+平值认沽期权合约"的组合，但可以升级为"深实值认购期权合约+平值认沽期权合约"的组合，或"平值认购期权合约+深实值认沽期权合约"的组合，用深实值的期权合约代替另一边的平值期权合约，有偏向地选择侧重一个方向。

该策略升级的优势：变成有保护性地做多或者做空策略，方向做对了，收益会高很多；但如果行情判断错了，亏损也会相对多一些。

4.5 碧玉刀（认购反向比率价差策略）

碧玉刀，九种武器中的第五种武器，是古龙小说《七种武器》中的第三种武器，碧玉刀是白银吞口、黑鳖皮鞘、镶着七颗翡翠的刀，它精妙绝伦,锋利又不失柔情。碧玉刀就像期权策略中的认购反向比率价差策略,该策略的盈亏图就像一把刀。如果遇上大涨行情,则将迎来收益的鼎盛时期,可获利离场。

杀伤力 5 颗星:☆☆☆☆☆

"武器"用法如表 4-13 所示,认购反向比率价差策略盈亏图如图 4-14 所示。

表 4-13

如何构建	卖出开仓 1 张平值行权价 K_1 的认购期权,同时买入开仓 2 张相同月份、虚一/虚二档行权价 K_2 的认购期权, $K_2 > K_1$
最大盈利	理论上无限
最大亏损	K_2 认购期权行权价-K_1 认购期权行权价+净权利金
盈亏平衡点 (两种情况)	净权利金>0 时,行权价 K_2+(K_2 认购期权行权价-K_1 认购期权行权价+净权利金) 净权利金<0 时,行权价 K_1+净权利金或行权价 K_2+(K_2 认购期权行权价-K_1 认购期权行权价+净权利金)
行权价和 合约月份选择	K_1 行权价选择平值合约, K_2 行权价选择虚二档的期权合约 一般选择当月或者主力月份的期权合约

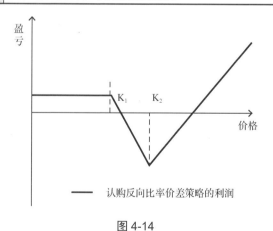

图 4-14

使用时机:

当预计标的物的价格会大幅上涨,但又不想因为大跌而大亏损时使用认购反向比率价差策略。

实战用法：

我们在 2024 年 9 月 23 日构建认购反向比率价差策略，预计后市会大涨，当天铁矿石期货 i2501 收盘价为 658.5 元，卖出开仓 1 张铁矿石期货 i2501 平值看涨期权 i2501-C-660，买入开仓 2 张铁矿石期货 i2501 虚值一档看涨期权 i2501-C-680，构建方式如表 4-14 所示，认购反向比率价差策略行情图如图 4-15 和图 4-16 所示。

表 4-14

如何构建	卖出开仓 1 份平值看涨期权 i2501-C-660，价格：43.0 元
	买入开仓 2 份虚值二档看涨期权 i2501-C-680，价格：2×39.4=78.8 元
构建理由	预计铁矿石期货 i2501 的价格会大幅上涨，但又不想因为大跌而大亏
最大盈利	理论上无限
最大亏损	（680-660+78.8-43.0）×100=5580.0 元
盈亏平衡点	680+55.8=735.8 元
行权价和月份选择	K_1 行权价选择平值合约 i2501-C-660，K_2 行权价选择虚值二档看涨 i2501-C-680
	选择 1 月份的主力月份合约

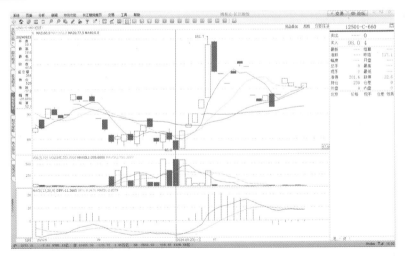

图 4-15

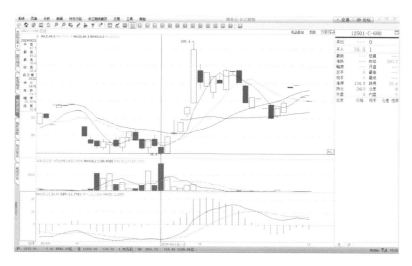

图 4-16

盈亏效果如表 4-15 所示，从表中可以看出，铁矿石期货 i2501 从 2024 年 9 月 23 日的收盘价 658.5 元，涨到 10 月 15 日的收盘价 791.5 元，暴涨 20.14%。而认购反向比率价差策略一组盈利 8530.0 元，卖出开仓大概占用初始保证金 6500.0 元，则该策略收益率约为 131.23%。

表 4-15

标的	9 月 23 日价格	10 月 15 日价格	盈亏	盈亏幅度	备注
铁矿石期货 i2501	658.8 元	791.5 元	132.7 元	20.14%	价格未乘以乘数 100
i2501-C-660	43.0 元	146.5 元	103.5 元	240.70%	
i2501-C-680	39.4 元	133.8 元	94.4 元	239.59%	
认购反向比率价差策略	-43.0+2×39.4=35.8 元	-146.5+2×133.8=121.1 元	121.1-35.8=85.3 元	131.23%≈8530/6500	

使用要领：

（1）构建策略时，一般使净权利金为负，即有权利金收入，这样大跌时还能确保不亏损。

（2）构建好策略后基本不用太操心，只要行情有大波动，对该策略就有利，但最好是行情大幅上涨，这样更符合我们的预期。

（3）构建该策略与只买入开仓认购期权的最大差别是，如果出现大跌，则该策略不会亏损或小幅亏损。若只买入开仓认购期权，则会亏完所有资金。

"武器"弱点：

最大弱点就是怕标的物价格温和上涨，若刚好涨到虚一档的行权价的位置，则亏损最大。

防御招式：

（1）期权还没到期时。

当标的物铁矿石期货 i2501 的价格下跌，觉得价格比较难大涨回去时，卖出平仓 0.5 倍或者 1 倍较高行权价 K_2 的认购期权，形成熊市价差策略，等跌到支撑位时再把平仓的较高行权价 K_2 认购期权买回来。

当标的物铁矿石期货 i2501 的价格大幅上涨时，择机卖出平仓 1 倍较高行权价 K_2 的认购期权，或者平仓该策略，不要再重新购建该策略，考虑构建熊市价差策略。

（2）期权临近到期日时。

当标的物铁矿石期货 i2501 的价格跌到较低行权价 K_1 以下时，持有 3 张合约到到期，或者平仓后重新构建该策略。

当标的物铁矿石期货 i2501 的价格在行权价 K_1 和 K_2 之间时，买入平仓较低行权价 K_1 的认购期权，持有较高行权价 K_2 的认购期权到到期。

当标的物铁矿石期货 i2501 的价格涨到较高行权价 K_2 以上时，平仓 3 张合约后构建别的期权策略。

升级用法：

认购反向比率价差策略已经是 3 条腿策略，本身很复杂了，再升级就要变成更复杂的 4 条腿策略了，所以这里就不再升级，有兴趣的读者可以自己研究一下。

4.6 多情环（熊市价差策略）

多情环，九种武器中的第六种武器，是古龙小说《七种武器》中的第四种武器。多情环用天生山精铁锻造，其硬无比。无论它套住了什么，立刻就紧紧地缠住，绝不会松开。而古龙在书末说："仇恨本身，就是一种武器，而且是最可怕的一种。所以我说的第四种武器不是多情环，而是仇恨。"股票投资者最仇恨的是什么行情呢？答案就是熊市行情，对应使用的期权策略就是熊市价差策略，这是一个做空的策略，可以让投资者从此不再"仇恨"熊市。

杀伤力 4 颗星：☆☆☆☆

"武器"用法如表 4-16 所示，熊市价差策略盈亏图如图 4-17 所示。

表 4-16

如何构建	买入开仓 1 张较高行权价 K_2 的认沽期权，同时卖出开仓 1 张相同月份、较低行权价 K_1 的认沽期权，$K_2 > K_1$
最大盈利	当标的物价格在 K_1 时，K_2 认沽期权行权价-K_1 认沽期权行权价-净权利金
最大亏损	当标的物价格在 K_2 时，K_1 认沽期权权利金-K_2 认沽期权权利金
盈亏平衡点	K_2 认沽期权行权价-两张期权净权利金
行权价和合约月份选择	K_1 行权价选择浅虚值的期权合约，K_2 行权价选择平值或浅实值合约 一般选择当月或者主力月份的期权合约

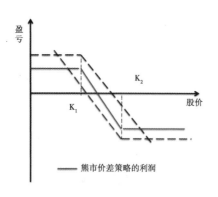

图 4-17

使用时机：

当预计标的物的价格温和下跌，跌到目标价 K_1 时使用熊市价差策略。

实战用法：

我们在 2024 年 10 月 11 日构建稳健型熊市价差策略，预计原油期货 SC2412 后市会大跌，跌到目标价 540.0 元。原油期货 SC2412 当天收盘价为 557.9 元，买入开仓 1 张原油期货 SC2412 实值二档看跌期权 SC2412-P-580，并卖出开仓 1 张原油期货 SC2412 虚值二档看跌期权 SC2412-P-540，构建方式如表 4-17 所示，熊市价差策略行情图如图 4-18 和图 4-19 所示。

表 4-17

如何构建	买入开仓 1 张实值二档看跌期权 SC2412-P-580，价格：41.60 元 卖出开仓 1 张虚值二档看跌期权 SC2412-P-540，价格：18.65 元
构建理由	预计原油期货 SC2412 后市会大跌，跌到 540.0 元附近
最大盈利	［580.0-540.0-（41.60-18.65）］×1000=17 050.0 元
最大亏损	（41.60-18.65）×1000=22 950.0 元
盈亏平衡点	580.0-22.95=557.05 元
行权价和 月份选择	K_2 行权价选择实值二档看跌期权 SC2412-P-580，K_1 行权价选择虚值二档看跌期权 SC2412-P-540 选择 12 月份的主力月份合约

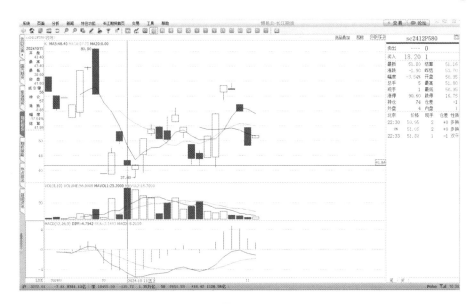

图 4-18

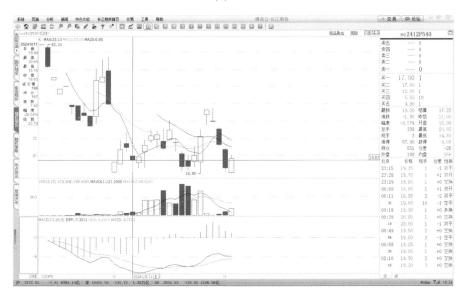

图 4-19

盈亏效果如表 4-18 所示，从表中可以看出，原油期货 SC2412 从 2024
年 10 月 11 日的收盘价 557.9 元，跌到 11 月 4 日的盘中价 526.3 元，暴跌
5.66%，而认沽熊市价差策略盈利 9650.0 元，该策略在不算保证金占用（组

合保证金)的情况下收益率约为 42.05%。原油期货 SC2412 虽然跌到了 540.0 元以下，但是期权合约还没有到期，所以没有获得最大的收益，要等到到期时才能获得最大收益。

表 4-18

标的	10 月 11 日价格	11 月 4 日价格	盈亏值	盈亏幅度	备注
原油期货 SC2412	557.9 元	526.3 元	−31.6 元	−5.66%	价格未乘以乘数 1000
SC2412-P-580	41.60 元	51.80 元	10.20 元	24.52%	
SC2412-P-540	18.65 元	19.20 元	0.55 元	2.95%	
认沽熊市价差策略	41.6-18.65=22.95 元	51.80-19.20=32.60 元	32.60-22.95=9.65 元	42.05%≈9.65/22.95	

使用要领：

（1）构建该策略时可以错时开仓，比如先买入开仓较高行权价 K_2 的认沽期权，等下跌后再卖出开仓较低行权价 K_1 的认沽期权，这样可以先锁住部分利润。

（2）熊市价差策略也可以用认购期权构建，同样买入开仓 1 张较高行权价 K_2 的认购期权，同时卖出开仓 1 张相同月份、较低行权价 K_1 的认购期权，且 $K_2>K_1$。

（3）熊市价差策略可以构建 3 种不同的组合，分别为保守型、稳健型、进取型组合。假设上证 50ETF 现在价格是 2.80 元，那么保守型的熊市价差策略是买入开仓沽 9 月 2900，卖出开仓沽 9 月 2850；稳健型的熊市价差策略是买入开仓沽 9 月 2850，卖出开仓沽 9 月 2750；进取型的熊市价差策略是买入开仓沽 9 月 2750，卖出开仓沽 9 月 2650。

（4）保守型的熊市价差策略获胜的概率高，但赔率低；进取型的熊市价差策略获胜的概率低，但赔率高；稳健型的熊市价差策略盈亏比比较适中。

"武器"弱点：

最大弱点就是怕标的物价格温和上涨，若刚好涨到的行权价 K_2 的位置，则亏损最大。

防御招式：

（1）期权还没到期时。

当标的物原油期货 SC2412 的价格下跌，觉得价格比较难涨回去时，可以不动，或者多买入开仓 0.5 倍平值行权价的认沽期权，等跌到支撑位时再把加买的平值认沽期权平仓。

当标的物原油期货 SC2412 的价格大幅上涨时，择机买入较低行权价 K_1 的认沽期权，同时卖出开仓高一档行权价 K_3 的认沽期权，把期权合约向上移仓，或者多卖出开仓 1 倍较高行权价 K_1 的认沽期权。

（2）期权临近到期日时。

当标的物原油期货 SC2412 的价格跌到较低行权价 K_1 以下时，平仓两张期权合约后重新构建熊市价差策略。

当标的物原油期货 SC2412 的价格在行权价 K_1 和 K_2 之间时，卖出平仓较高行权价 K_2 的认沽期权，持有较低行权价 K_1 的认沽期权到到期。

当标的物原油期货 SC2412 的价格涨到较高行权价 K_2 以上时，持有两张期权合约到到期，或者平仓后重新构建熊市价差策略。

升级用法：

在熊市价差策略中，如果用认沽期权构建策略，则一般选择"买高一档的认沽期权合约+卖低一档的认沽期权合约"的组合，但我们可以升级为大号熊差"买深实值的认沽期权合约+卖虚一档的期权合约"的组合，即用深实值的期权合约代替实一档的期权合约，选择深实值的期权合约的时间价值越小越好，或者选择 Delta>0.9 的合约。

该策略升级的优势：减少了一些时间价值的损失，反过来说就是可以多赚一些时间价值，来增加收益，但是如果行情上涨，亏损也会相对多一些。

4.7　离别钩（卖出宽跨式期权策略）

离别钩，九种武器中的第七种武器，是古龙小说《七种武器》中的第五种武器。离别钩的钩长三尺三，取深海精铁锻造，锋利无比。既然是钩，那么为什么要叫作离别？因为这柄钩无论钩住什么都会造成"离别"。如果它钩住你的手，你的手就要和腕离别；如果它钩住你的脚，你的脚就要和腿离别。但有时"离别"，也是为了相聚。市场行情经常上演"离别后相聚"，即大波动后回归横盘震荡。期权策略中的卖出宽跨式期权策略就适合这种大波动行情后回归到横盘震荡的行情，对于股票或期货投资者来说，碰到横盘震荡行情时往往束手无策，但在期权市场，卖出宽跨式期权策略会让你永远爱上横盘震荡行情。

杀伤力 3 颗星：☆☆☆

"武器"用法如表 4-19 所示，卖出宽跨式期权策略盈亏图如图 4-20 所示。

表 4-19

如何构建	卖出开仓 1 张浅虚值档行权价的认购期权，并卖出开仓 1 张相同月份浅虚值行权价的认沽期权
最大盈利	认购期权权利金+认沽期权权利金
最大亏损	理论上无限
盈亏平衡点	认购期权行权价+净权利金或认沽期权行权价-净权利金
行权价和 合约月份选择	行权价都选择对应浅虚值的期权合约 一般选择当月或者主力月份的期权合约

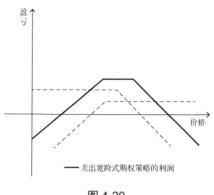

图 4-20

使用时机：

当预计标的物将要进入横盘震荡行情或者波动率将变小时，使用卖出宽跨式期权策略。

实战用法：

我们在 2024 年 10 月 10 日构建卖出开仓宽跨式期权策略，预计 PVC 期货 V2412 价格将在 5200.0 元至 5800.0 元之间震荡。PVC 期货 V2412 当天收盘价为 5531.0 元，卖出开仓 1 张虚值三档看跌期权 V2412-P-5200，同时卖出开仓 1 张虚值三档看涨期权 V2412-C-5800，构建方式如表 4-20 所示，卖出宽跨式期权策略行情图如图 4-21 和图 4-22 所示。

表 4-20

如何构建	卖出开仓 1 张虚值三档看跌期权 V2412-P-5200，价格：37.5 元 卖出开仓 1 张虚值三档看涨期权 V2412-C-5800，价格：59.5 元
构建理由	预计 PVC 期货 V2412 价格将在 5200.0 元至 5800.0 元之间震荡
最大盈利	（37.5+59.5）×5=485.0 元
最大亏损	理论上无限
盈亏平衡点	5200.0-97.0=5103.0 元或 5800.0+97.0=5897.0 元
行权价和 月份选择	选择虚值三档看跌期权 V2412-P-5200 和虚值三档看涨期权 V2412-C-5800 选择 12 月份的合约

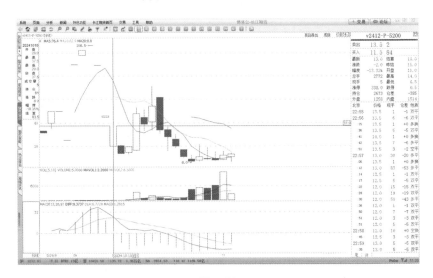

图 4-21

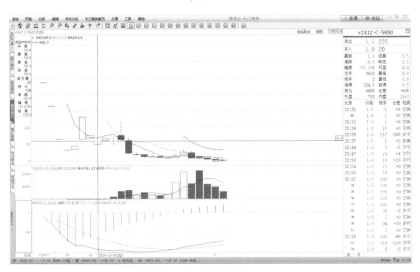

图 4-22

　　盈亏效果如表 4-21 所示。从表中可以看出，PVC 期货 V2412 从 10 月 10 日的收盘价 5531.0 元，跌到 11 月 4 日的盘中价 5360.0 元，下跌 3.09%。而卖出开仓宽跨式期权策略盈利 83.0 元，收益率约为 11.86%。假设组合保证金为 3500.0 元/组。标的价格没有出现太大的波动，也没有突破预期的区间，所以该策略盈利了。

表 4-21

标的	10 月 10 日价格	11 月 23 日价格	盈亏	盈亏幅度	备注
PVC 期货 V2412	5531.0 元	5360.0 元	−171.0 元	−3.09%	价格未乘以乘数 5
V2412-P-5200	37.5 元	13.0 元	−24.5 元	−65.33%	
V2412-C-5800	59.5 元	1.0 元	−58.5 元	−98.32%	
卖出宽跨式期权策略	37.5+59.5=97.0 元	13.0+1.0=14.0 元	83.0 元	11.86%≈83×5/3500	

使用要领：

（1）构建该策略时可以错时开仓，比如先卖出开仓看涨期权，等下跌后再卖出开仓看跌期权，或先卖出开仓看跌期权，等上涨后再卖出开仓看涨期权，这样可以先锁住部分利润。

（2）构建该策略时尽量使卖出开仓看涨期权的金额等于卖出开仓看跌期权的金额，也就是保持 Delta 中性，这样效果会更好。

（3）构建该策略收到的权利金比较少，能承受标的物价格波动的范围比较宽，而卖出跨式期权策略收到的权利金比较多，能承受标的物价格波动的范围比较窄。

（4）使用该策略获胜概率比较高，但理论上该策略的风险是无限的，所以要把风控放在第一位，做好了才能避免"赚小钱而亏大钱"。

"武器"弱点：

最大弱点就是，怕标的物价格突破横盘震荡行情，走出单边行情，或者有突发事件公布，而使波动率变大。

防御招式：

（1）期权还没到期时。

当标的物 PVC 期货 V2412 的价格下跌，跌到看跌期权的行权价时，可以买入平仓看跌期权合约进行止损，移仓到低一档的看跌期权合约，或者不止损，在买入平仓看涨期权后卖出开仓相同张数、低一档行权价的看涨期权合约。如果价格再下跌，就止损看跌期权合约，卖出开仓低一档的看跌期权合约。

当标的物 PVC 期货 V2412 的价格上涨，涨到看涨期权的行权价时，可以买入平仓看涨期权合约进行止损，移仓到高一档的看涨期权合约，或者不止损，在买入平仓看跌期权合约后卖出开仓相同张数、高一档行权价的看跌期权合约。如果价格再上涨，就止损看涨期权合约，卖出开仓高一档的看涨期权合约。

（2）期权临近到期日时。

当标的物 PVC 期货 V2412 的价格跌到看跌期权的行权价以下时，买入平仓看跌期权合约，持有看涨期权合约到到期，或者平仓后重新构建卖出宽跨式期权策略。

当标的物 PVC 期货 V2412 的价格在看跌期权行权价和看涨期权行权价之间时，持有两张期权合约到到期，或者提前平仓，然后重新构建策略。

当标的物 PVC 期货 V2412 的价格涨到看涨期权行权价以上时，买入平仓看涨期权合约，持有看跌期权合约到到期，或者平仓后重新构建卖出宽跨式期权策略。

升级用法：

在卖出宽跨式期权策略中，我们卖出开仓 1 张虚三档行权价的看涨期权合约，并卖出开仓相同月份虚三档行权价的看跌期权合约，但这样的风险是无限的，所以我们可以多加 1 张或 2 张期权合约，买入开仓 1 张虚五档行权价的看涨期权合约，或者再买入开仓 1 张虚五档行权价的看跌期权合约，将原策略变成三条腿或四条腿期权策略，这样就把原策略的无限风险给锁住了一边或两边，但是收益率变低了。

该策略升级的优势：把无限风险给锁住了，避免了大亏损，不用时时刻刻紧盯盘面进行对冲。

4.8 霸王枪（认购正向比率价差策略）

霸王枪，九种武器中的第八种武器，是古龙小说《七种武器》中的第六种武器。霸王枪是江湖上独一无二的一杆枪，长一丈三尺七寸三分，重七十三斤七两三钱，枪尖是纯钢的，枪杆也是纯钢的。古龙在书中想表达的是，霸王枪代表的是勇气，要带着勇气闯荡江湖。认购正向比率价差策略的特点非常贴近霸王枪的特性，霸气侧漏，但也有可能全部亏完，所以该策略是需要勇气才敢使用的策略。

杀伤力 4 颗星：☆☆☆☆

"武器"用法如表 4-22 所示，认购正向比率价差策略盈亏图如图 4-23 所示。

表 4-22

如何构建	买入开仓 1 张平值行权价 K_1 的认购期权，同时卖出开仓 2 张相同月份、虚一档行权价 K_2 的认购期权，$K_2 > K_1$
最大盈利	K_2 认购期权行权价-K1 认购期权行权价+净权利金
最大亏损	理论上无限
盈亏平衡点（两种情况）	净权利金>0 时，行权价 K_2+（K_2 认购期权行权价-K_1 认购期权行权价+净权利金） 净权利金<0 时，行权价 K_1+净权利金或行权价 K_2+（K_2 认购期权行权价-K_1 认购期权行权价+净权利金）
行权价和合约月份选择	K_1 行权价选择平值期权合约，K_2 行权价选择虚一档的期权合约 一般选择当月或者主力月份的期权合约

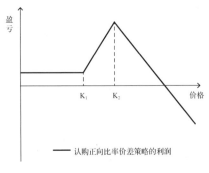

图 4-23

使用时机：

在预计标的物的价格温和上涨的同时又担心大幅下跌的情况下使用认购正向比率价差策略。

实战用法：

我们在 2024 年 10 月 18 日构建认购正向比率价差策略，预计中证 500ETF（代码：159922）价格后市将温和上涨，但又担心价格大幅下跌。当天中证 500ETF 收盘价为 5.960 元，买入开仓 1 张平值认购期权中证 500ETF 购 11 月 6000，卖出开仓 2 张虚值一档认购期权中证 500ETF 购 11 月 6250，构建方式如表 4-23 所示，认购正向比率价差策略行情图如图 4-24 和图 4-25 所示。

表 4-23

如何构建	买入开仓 1 张平值认购期权中证 500ETF 购 11 月 6000，价格：0.2855 元 卖出开仓 2 张虚值一档认购期权中证 500ETF 购 11 月 6250，价格：2×0.2077=0.4154 元
构建理由	预计中证 500ETF 后市将温和上涨，但又担心大跌
最大盈利	（6.250-6.000-0.2855+2×0.2077）×10 000=3799.0 元
最大亏损	理论上无限
盈亏平衡点	6.250+（6.250-6.000-0.2855+2×0.2077）=6.6299 元
行权价和 月份选择	K_1 行权价选择平值期权合约中证 500ETF 购 11 月 6000，K_2 行权价选择虚一档中证 500ETF 购 11 月 6250 选择 11 月份的期权合约

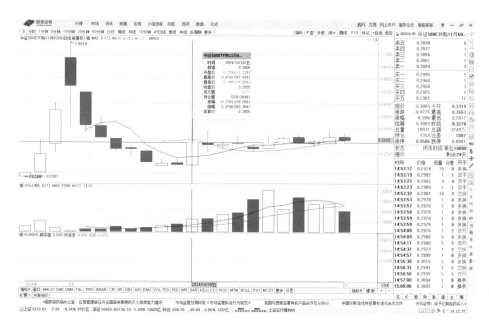

图 4-24

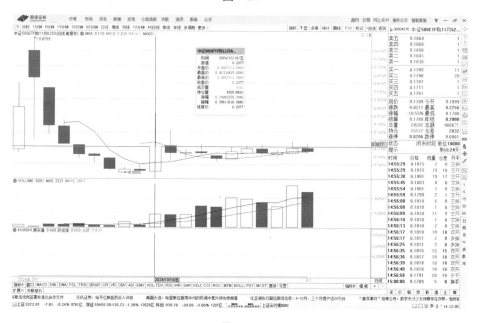

图 4-25

盈亏效果如表 4-24 所示，从表中可以看出，中证 500ETF 从 2024 年 10 月 18 日的收盘价 5.960 元，涨到 11 月 1 日的收盘价 6.159 元，上涨 3.34%，认购正向比率价差策略一组盈利 724.0 元，算上卖出开仓大概占用初始保证金 9000.0 元，则该策略收益率约为 8.04%。

表 4-24

标的	10 月 18 日价格	11 月 1 日价格	盈亏	盈亏幅度	备注
中证 500ETF	5.960 元	6.159 元	0.199 元	3.34%	
中证 500ETF 购 11 月 6000	0.2855 元	0.3003 元	0.0148 元	5.18%	价格未乘以乘数 10 000
中证 500ETF 购 11 月 6250	0.2077 元	0.1789 元	-0.0288 元	-13.87%	
认购正向比率价差策略	0.2855-2×0.2077=-0.1299 元	0.3003-2×0.1789=-0.0575 元	-0.0575+0.1299=0.0724 元	8.04%≈0.0724×10 000/9000.0	

使用要领：

（1）构建策略时一般使净权利金为负，也就是说有权利金收入，这样大跌时还能确保不亏损。

（2）构建策略时可以先构建牛市价差策略，等标的物价格上涨后再多卖出开仓 1 张虚一档行权价 K_2 的认购期权。

（3）构建该策略与只买入开仓认购期权的差别是，如果标的物价格出现大跌，该策略不会亏损，而只买入开仓认购期权会亏完所有资金。

（4）该策略可以调整为买入开仓 1 张平值行权价 K_1 的认购期权，同时卖出开仓 1 张相同月份、虚一档行权价 K_2 的认购期权和卖出开仓 1 张相同月份、虚二档行权价 K_3 的认购期权，且 $K_3>K_2>K_1$，这样调整的结果是对行情的看涨更强烈一些。

"武器"弱点：

最大的弱点就是怕标的物价格大幅上涨。

防御招式：

（1）期权还没到期时。

当标的物中证 500ETF 的价格下跌，且觉得跌到支撑位时，买入平仓 1 张虚一档行权价 K_2 的认购期权合约，形成牛市价差策略博反弹，等反弹后再卖出开仓 1 张虚一档行权价 K_2 认购期权合约，重新构建该策略。

当标的物中证 500ETF 的价格大幅上涨时，择机买入平仓 1 张虚一档行权价 K_2 的认购期权合约，或者平仓 1 张虚一档行权价 K_2 的认购期权合约后卖出开仓 1 张虚二档行权价 K_3 的认购期权合约。

（2）期权临近到期日时。

当标的物中证 500ETF 的价格跌到较低行权价 K_1 以下时，持有三张期权合约到到期，或者平仓后重新构建该策略。

当标的物中证 500ETF 的价格在行权价 K_1 和 K_2 之间时，买入平仓较低行权价 K_1 的认购期权合约，持有较高行权价 K_2 的认购期权合约到到期。

当标的物中证 500ETF 的价格涨到较高行权价 K_2 以上时，平仓三张期权合约后重新构建期权策略。

升级用法：

认购正向比率价差策略已经是三条腿策略了，本身已经很复杂，再升级就要变成更复杂的四条腿策略了，所以这里就不再升级，有兴趣的读者可以自己研究一下。

4.9 拳头（铁鹰式价差策略）

拳头，九种武器中的第九种武器，是古龙小说《七种武器》中的第七种武器。拳头作为终极武器，也是许多人所一直期盼的。拳头可以说是九种武器中威力最小的，但也是不可或缺的。在期权策略中，铁鹰式价差策略威力虽然小，但也是不可或缺的，是一种盈利小、亏损也小的策略。铁鹰式价差策略实际上是由卖出宽跨式期权策略再加两条腿组成的，在实际运用中可以来回切换。

杀伤力 3 颗星：☆☆☆

"武器"用法如表 4-25 所示，铁鹰式价差策略盈亏图如图 4-26 所示。

表 4-25

如何构建	买入开仓 1 张行权价 A 的认沽期权，并卖出开仓 2 张相同月份行权价 B 的认沽期权和行权价 C 的认购期权，再买入开仓 1 张相同月份行权价 D 的认购期权，标的物的现价在 B 和 C 之间，行权价间距一致，A<B<C<D
最大盈利	收到的权利金-付出的权利金
最大亏损	行权价 B-行权价 A-收到的权利金+付出的权利金
盈亏平衡点	（1）行权价 B-收到的权利金+付出的权利金 （2）行权价 C+收到的权利金+付出的权利金
行权价和 合约月份选择	使标的物的现价在行权价 B 和 C 之间，行权价间距一致，A<B<C<D 一般选择当月或者主力月份的期权合约

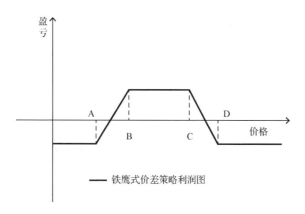

图 4-26

使用时机：

当预计标的物价格在一定区间内震荡，在行权价 B 和 C 之间，但又担心会突破这个区间造成大亏损时使用铁鹰式价差策略。

实战用法：

我们在 2024 年 10 月 9 日构建铁鹰式价差策略，预计后市碳酸锂期货 lc2412 价格将在 75 000.0 元至 83 000.0 元之间震荡，但又担心会向下跌破 73 000.0 元或向上涨破 85 000.0 元而导致大亏。碳酸锂期货 lc2412 当天收盘价为 79 314.0 元，卖出开仓 1 张虚值四档看跌期权 lc2412-P-75000 和卖出开仓 1 张虚值四档看涨期权 lc2412-C-83000，并买入开仓 1 张行权价 A 的虚值六档看跌期权 lc2412-P-73000 和买入开仓 1 张行权价 D 的虚值六档看涨期权 lc2412-C-85000，构建方式如表 4-26 所示，铁鹰式价差策略行情图如图 4-27 和图 4-28 所示。

表 4-26

如何构建	卖出开仓 1 张虚值四档看跌期权 lc2412-P-75000，价格：2130.0 元
	卖出开仓 1 张虚值四档看涨期权 lc2412-C-83000，价格：3580.0 元
	买入开仓 1 张虚值六档看跌期权 lc2412-P-73000，价格：1320.0 元
	买入开仓 1 张虚值六档看涨期权 lc2412-C-85000，价格：2810.0 元
构建理由	预计碳酸锂期货 lc2412 将在 75 000.0 元至 83 000.0 元之间震荡，但又担心会向下跌破 73 000.0 元或向上涨破 85 000.0 元导致大亏
最大盈利	2130.0+3580.0-1320.0-2810.0=1580.0 元
最大亏损	85 000.0-83 000.0-（2130.0+3580.0-1320.0-2810.0）=420.0 元
盈亏平衡点	75 000.0-1580.0=73 420.0 元，83 000.0+1580.0=84 580.0 元
行权价和月份选择	行权价 B 选择虚值四档看跌期权 lc2412-P-75000，行权价 C 选择虚值四档看涨期权 lc2412-C-83000，行权价 A 选择虚值六档看跌期权 lc2412-P-73000，行权价 D 选择虚值六档看涨期权 lc2412-C-85000
	选择 12 月份的近月合约

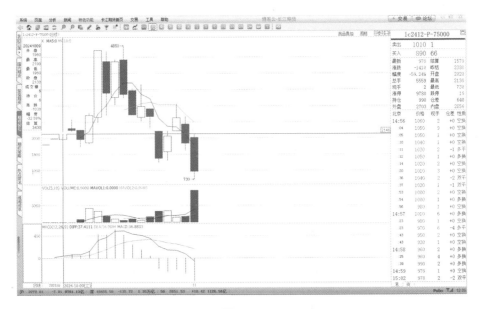

图 4-27

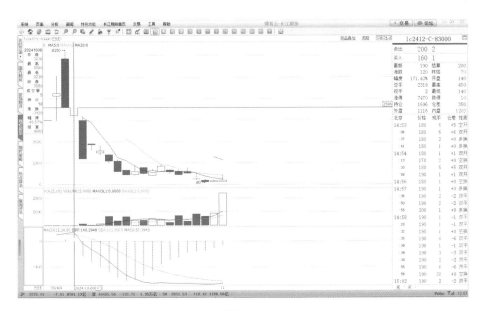

图 4-28

　　盈亏效果如表 4-27 所示，从表中可以看出，碳酸锂期货 lc2412 从 10 月 9 日的收盘价 79 314.0 元，跌到 11 月 4 日的盘中价 76 000.0 元，下跌 4.18%，而卖出开仓四腿宽跨式期权策略盈利 860.0 元，在组合保证金（8000.0 元/组）下的收益率为 10.75%，标的价格没有突破我们预期的区间，所以盈利了。

表 4-27

标的	10 月 9 日价格	11 月 4 日价格	盈亏值	盈亏幅度	备注
碳酸锂期货 lc2412	79314.0 元	76000.0 元	-3314.0 元	-4.18%	
lc2412-P-75000	2130.0 元	970.0 元	-1160.0 元	-54.46%	
lc2412-P-73000	1320.0 元	350.0 元	-970.0 元	-73.48%	
lc2412-C-83000	3580.0 元	190.0 元	-3390.0 元	-94.69%	价格未乘以乘数 1
lc2412-C-85000	2810.0 元	90.0 元	-2720.0 元	-96.80%	
卖出开仓四腿宽跨式期权策略	2130.0+3580.0-1320.0-2810.0=1580.0 元	970.0+190.0-350.0-90.0=720.0 元	1580.0-720.0=860.0 元	10.75%=860.0/8000.0	

使用要领：

（1）构建该策略时，可以先建仓卖出宽跨式期权策略，再买入开仓行权价 A 的看跌期权和行权价 D 的看涨期权。

（2）先建仓卖出宽跨式期权策略，有偏向性地只买入开仓行权价 A 的看跌期权，以防标的物价格向下跌突破区间，或有偏向性地只买入开仓行权价 D 的看涨期权，以防标的物价格向上涨突破区间，变成三条腿策略。

（3）行权价 B 选择在标的物价格的支撑位附近，行权价 C 选择在标的物价格的压力位附近。

"武器"弱点：

最大的弱点就是怕标的物价格突破区间震荡行情，走出单边上涨或下跌行情。

防御招式：

（1）构建该策略时可以设置两边的止损点，当标的物的价格到达止损点时止损离场。

（2）当标的物价格往某一边靠近时，可以平仓另外一边的权利仓，收回一些付出的权利金，比如标的物价格上涨时卖出平仓行权价 A 的看跌期权，下跌时卖出平仓行权价 D 的看涨期权。

（3）如果到期时所有期权合约都为虚值期权合约，则不需要平仓所有的期权合约；如果到期时还有期权合约有价值，则只需要平仓有价值的期权合约即可，没有价值的期权合约就不平仓，可节省手续费。

升级用法：

　　铁鹰式价差策略已经是四条腿策略了，本身已经很复杂，再升级就要变成更复杂的策略了，所以这里就不再升级，甚至可以进行降级，即减两条腿切换成卖出宽跨式期权策略。

第 4 篇　期权技巧篇

第 5 章

5

期权实战交易真经

笔者经过多年的实战交易，把期权的理论知识和实战交易结合起来，总结出 20 条期权实战交易"真经"，希望能帮助投资者在交易中少走弯路，避免不必要的亏损。下面我们展开介绍每一条交易真经。

5.1 换一种思维交易期权

期权被誉为金融衍生品皇冠上的明珠，它有一个有别于股票、期货的特征，就是影响因素多样化。期权有 3 个主要影响因素：标的物的价格、标的物的波动率、到期剩余时间。而股票和期货基本只有一个影响因素：标的物的价格。我们在交易期权时除了要判断标的物的价格涨跌，还要特别关注时间价值这个因素。从在期权市场实战多年的交易经验来看，很多投资者亏钱都是因为没有时间价值观念，在不知不觉中亏钱。必须换一种思维来交易期权，不能像交易股票、期货那样来交易期权，期权的买方（权利仓）要用"打游击战的思维"来做，期权的卖方（义务仓）可以用"打持久战的思维"来做。

5.2　区别使用买方与卖方

如果行情是大涨、大跌，就用买方；如果行情是小涨、小跌，就用卖方；如果想以小博大，追求高额收益就用买方；如果想以大博小，追求稳健收益就用卖方；如果是趋势行情，就用买方；如果不是趋势行情，就用卖方。金融市场里的二八法则：20%的时间是趋势行情，80%的时间是震荡整理行情，从该法则的角度出发，做买方一年只有 20%的交易机会，做卖方一年有 80%的交易机会，所以要大概率赚钱就做卖方。做买方是小概率的赚大钱事件，但会大概率地亏小钱。上文也提到，要用打游击战的思维来做买方，要用打持久战的思维来做卖方。行情、所对应的方向与所选合约如表 5-1 所示。

表 5-1

行情	对应方向	所选合约
大涨	买入开仓认购	虚一档认购期权
大跌	买入开仓认沽	虚一档认沽期权
小涨	卖出开仓认沽	平值认沽期权
小跌	卖出开仓认购	平值认购期权

5.3　卖方的胜率高于买方，但赔率低于买方

市场行情分为 5 种，分别是大涨、小涨、横盘、小跌、大跌，在这 5 种行情中期权卖方的胜率是 4/5，期权买方的胜率是 1/5。比如卖出开仓认沽期权是看不跌，只要是大涨、小涨、横盘或小跌，就能盈利，所以它的胜率是 4/5；再比如买入开仓认沽期权，只有大跌对它有利，所以它的胜率是 1/5。但是从赔率上看，卖方的最大赔率是 1 倍，而买方的最大赔率是 n 倍。期权买方与卖方赔率对比表如表 5-2 所示，在做对方向的情况下，买方买入开仓购 6 月 2350 的赔率是 1：10.98，而卖方卖出开仓沽 6 月 2300

的赔率是 1 : 1。

表 5-2

开仓类别	交易方向	5 月 4 日收盘价	6 月 28 日收盘价	盈亏金额	盈亏比例	备注
买方：看涨（买入认购）	买入开仓购 6 月 2350	0.0165 元	0.1977 元	0.1812 元	1098.1%	上证 50ETF 从 2017 年 5 月 4 日 2.320 元涨到 6 月 28 日 2.548 元，涨幅约为 9.82%。
买方：看跌（买入认沽）	买入开仓沽 6 月 2300	0.0171 元	0.0001 元	-0.0170 元	-100%	
卖方：看涨（卖出认沽）	卖出开仓沽 6 月 2300	0.0171 元	0.0001 元	0.0170 元	100%	
卖方：看跌（卖出认购）	卖出开仓购 6 月 2350	0.0165 元	0.1977 元	-0.1812 元	-1098.1%	

从静态上来看，买方在理论上收益无限，但从动态上来看收益却是有限的，因为标的物价格不会一下子涨到无限高，所以要放弃一夜暴富的念头，踏踏实实做交易。

5.4　买方的痛点是亏时间价值

期权价格（权利金）=内在价值+时间价值，如图 5-1 所示，期权买方在做多内在价值的同时亏时间价值，期权卖方在做空内在价值的同时赚时间价值，两者的区别是一个亏时间价值，一个赚时间价值。

期权价格　=　内在价值　+　时间价值

图 5-1

如表 5-3 所示，2017 年 9 月 29 日收盘时，上证 50ETF 购 10 月 2700 的价格为 0.0527 元（内在价值为 0.0260 元，时间价值为 0.0267 元），上证 50ETF 沽 10 月 2750 的价格为 0.0339 元（内在价值为 0.0240 元，时间价值为 0.0099 元）。买入开仓上证 50ETF 购 10 月 2700 和卖出开仓上证 50ETF

沽 10 月 2750 都是看涨。假设到行权日时上证 50ETF 的价格还停留在 2017
年 9 月 29 日的收盘价，那么这时上证 50ETF 购 10 月 2700 的价格只有 0.0260
元（只剩内在价值），就亏损了 0.0267 元（时间价值），而上证 50ETF 沽
10 月 2750 的价格为 0.0240 元，赚了 0.0099 元（时间价值）。

表 5-3

交易策略	9 月 29 日 收盘价	10 月 25 日 收盘价（假设）	盈亏金额	备注
买入开仓 购 10 月 2700	0.0527 元	0.0260 元	亏 0.0267 元	假设 2017 年 10 月 25 日上证 50ETF 的收盘价为 2.726 元
卖出开仓 沽 10 月 2750	0.0339 元	0.0240 元	赚 0.0099 元	

从表 5-3 看出期权买方亏 0.0267 元时间价值，期权卖方赚 0.0099 元时
间价值。所以期权买方每天都在亏时间价值，期权卖方每天都在赚时间价
值，这就是期权买方的痛点，必须花一些时间价值才能买到杠杆。

5.5　小试牛刀，从练手开始

在开始交易期权前要先掌握期权的基础知识和熟悉期权交易软件，然
后通过仿真交易或实盘交易练手，每次就 1 张 1 张地交易，等到熟练后再
10 张 10 张地交易。不要一开始就下大单，先小试牛刀，等到可以熟练使用
交易软件和期权交易策略时，再投入大量资金，这样盈利概率才更高，不
至于牛市来了，而你已经倒在牛市的"门口"。

5.6　严格执行交易计划

期权的价格包含一部分时间价值，理论上期权买方每天都会消耗时间
价值，所以更要在交易前确定交易目的，然后制订交易计划，哪怕是最简

单的确定出场点，也要做到进场前就明确，避免一直在持仓中亏损时间价值。比如做一波趋势行情，先要定义这个趋势的时间是 1 个月、2 个月还是半年，接着定义这个趋势的目标点位，比如这波趋势在 1 个月内上证 50ETF涨到 2.84 元，那么不管是 1 个月结束没有涨到 2.84 元，还是 1 个月没结束就涨到 2.84 元，都要出场，再重新定义下一个交易计划。再比如做一个事件驱动策略，买入开仓跨式期权策略做多波动率，那么，只要这个事件兑现就要平仓该策略，重新制订下一个交易计划。当然，也可以在中途调整交易计划，比如有些条件改变了，要实现该目标点位的概率已经很低了，那么就可以调整该交易计划。还有一点，就是最好把交易计划写下来，这样可以随时查看并随时调整。

5.7　切勿孤注一掷

期权这种天然自带止损的工具最适合以小博大了，可以用一次最多亏完有限的资金，去博取无限的收益，所以不需要孤注一掷，也不需要把全部资金都押在一件自认为确信无疑的事件上。毕竟小概率事件还是会出现的，当然若押中了，或许能一夜暴富，但很少有人能押中，所以应踏踏实实做交易，用输得起的闲钱来投资期权，这样就能心态平和地面对亏损。

5.8　分批建仓、期权定投

前面说不要孤注一掷，那就分批建仓，下面以期权买方为例进行讲述。我们的做法是把投资期权的资金分成 5 份或者 10 份，每次（个月）用 1 份资金建仓，一直坚持下去，只要有一波比较大的趋势行情，收益就有几倍或者十几倍了，完全能够覆盖前面几次的亏损，这种做法叫作期权定投。表 5-4 所示为上证 50ETF 期权从 2017 年 3 月到 11 月的收益情况，每次选择在到期日前一天建仓下个月的平值期权合约。

表 5-4

建仓时间	平值合约	上个月行权日前一天收盘价（元）	行权日收盘价（元）	盈亏金额（元）	盈亏比例
03 月 21 日	购 4 月 2350	0.0278	0.0001	-0.0277	-100%
04 月 25 日	购 5 月 2350	0.0190	0.0500	+0.0310	+163%
05 月 23 日	购 6 月 2400	0.0205	0.1463	+0.1258	+613%
06 月 27 日	购 7 月 2550	0.0490	0.1269	+0.0779	+159%
07 月 25 日	购 8 月 2700	0.0406	0.0013	-0.0393	-97%
08 月 22 日	购 9 月 2650	0.0625	0.0473	-0.0152	-24%
09 月 26 日	购 10 月 2750	0.0355	0.0530	0.0175	+49%
10 月 24 日	购 11 月 2800	0.0377	0.2640	0.2263	+600%
11 月 21 日	购 12 月 3000	0.0458	0.0001	-0.0457	-100%

从表 5-4 可以看到，3 月的 1 份资金全部亏损，但 4 月的资金盈利 1.63 倍，足够覆盖 3 月的亏损了，而 5 月的资金盈利 6.13 倍，完全不需要孤注一掷，分批建仓就可以了。

当然，有些人建仓 1 份资金后亏损了还想博一下，想再加仓 1 份资金，那么最好选择向下移仓，这是更稳健的加仓方法，即选择比原先建仓的期权合约更实值一档或二档行权价的期权合约进行加仓。比如一开始建仓上证 50ETF 购 8 月 2700，在上证 50ETF 下跌到 2.70 元以下时就加仓上证 50ETF 购 8 月 2650，但切记及时止盈，毕竟这不是原定的交易计划。

5.9 坚决止损，勿存幻想

期权价格的波动远远大于股票、期货，每天的涨跌幅度 20% 是很普遍的，甚至一天就能亏损 50%，所以止损不坚决是不行的。一旦标的物价格触及你的止损点，就应马上平仓，不要寄希望于标的物价格会反向回来，以为自己还有翻盘的机会，否则很可能让你面临更大的亏损。也不要顾虑之前的投入而不愿意承担亏损，这些已是沉没成本，不应该成为决策的绊脚石，应果断止损后等待下一次交易机会。

5.10　分批止盈，学会刹车

如果达到盈利目标，就应该按照交易计划平仓出场，或者分批平仓保住盈利，不要过于贪婪。比如当盈利 50%时平仓三分之一，在盈利一倍或两倍时再平仓三分之一，从而在收回本金的同时实现一部分账面盈利，或者学会刹车，充分利用期权的各种策略锁定部分利润。假设买入认购期权购 10 月 2700，当盈利 50%时，卖出开仓高一档行权价的认购期权购 10 月 2750，然后刹车，锁定部分利润，这样就构建了一个亏损有限、盈利有限的牛市价差策略，可以放心继续持仓了。

5.11　管住手

如果你是期权买方，那么管住你的手是期权交易中最重要的风控方法，除非你以做日内交易为主，否则在没有趋势或者没有确定性行情出现时应坚决不出手，不要为了交易而交易，收住拳头是为了下次出拳更猛。如果乱出拳，那么除了亏手续费还要每天亏损时间价值，慢慢地你的权利金就亏完了，所以做期权的买方，不仅要耐得住寂寞，还要有成熟的交易心理，这会让你做起来游刃有余。

5.12　慎买深度虚值期权，多卖深度虚值期权

深度虚值的期权盈利的概率很低，但是一旦盈利，收益就会非常可观，

这也是深度虚值期权吸引人的地方，如图 5-2 所示。在 2015 年股市暴跌的时候，期权合约上证 50ETF 沽 8 月 2750 在短短的 2 个月里从 6 月 25 日最低的 0.0001 元涨到 8 月 26 日最高的 1.0876 元，涨了 10 875 倍。在中国 20 多年的金融市场，这种暴赚的机会是可遇不可求的，只能慎重购买，而不能常买。相反，要多卖深度虚值的期权，因为其大概率能赚钱，但也要注意风险。

图 5-2

5.13 通过中国波指看市场情绪

上证 50ETF 期权市场有一个中国波指（代码 000188），中国波指有一个很形象的称呼，叫恐慌指数，其可以被用来衡量市场的情绪，如图 5-3 所示。一般情况下，中国波指大涨，说明市场很恐慌，就像 2015 年 8 月 25 日大跌时，中国波指的值达到历史最高纪录的 69.83%。中国波指大跌说明市场恐慌情绪下降，比如 2017 年 5 月 12 日，中国波指的值达到历史新低的 7.95%。但是也有例外，比如从 2017 年 5 月开始，中国波指大涨，而上证 50ETF 并没有恐慌大跌反而大涨了，这如何理解呢？请看下一条真经（备

注：目前中国波指暂时关闭，投资者可以参考钱龙期权宝或汇点软件中各
个期权标的的波指）。

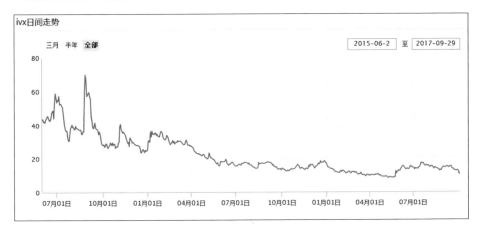

图 5-3

5.14　结合隐含波动率追涨杀跌

隐含波动率是一个不会骗人的指标，也是一个很有参考价值的指标，
可以不用弄懂它的含义，只要看懂期权交易软件中隐含波动率的数值变化
就可以了。记住这两点：第一，若标的物价格上涨，认购期权价格上涨，
隐含波动率也上涨，则说明大家都看涨后市，一般可以追涨；第二，若标
的物价格下跌，认沽期权价格上涨，隐含波动率也上涨，则说明大家都看
跌后市，一般可以杀跌，具体如表 5-5 所示。

表 5-5

标的物	期权合约	隐含波动率	如何交易
上证 50ETF 上涨	认购期权 上涨	隐含波动率上涨	说明大家都看涨后市，一般可以追涨
		隐含波动率下跌	说明大家都在平仓，一般止盈平仓
上证 50ETF 下跌	认沽期权 上涨	隐含波动率上涨	说明大家都看跌后市，一般可以杀跌
		隐含波动率下跌	说明大家都在平仓，一般止盈平仓

5.15　纸上得来终觉浅

　　期权的理论知识很复杂，但是作为个人投资者来说，不需要掌握全部理论知识，不用弄懂定价公式的由来，也不用背隐含波动率的公式，甚至不用完全理解 5 个希腊字母（Delta、Gamma、Vega、Theta、Rho）的深刻含义，只需要掌握在实盘交易过程中用到的知识就可以了。但是从理论到实践还需要一个过程，因为期权的交易经历让投资者看到的是动态的理论，而书本上的理论都是静态的结果。比如书本上说期权卖方盈利有限、亏损无限，但是在几天的交易过程中，期权卖方与期权买方的盈亏效果是差不多的。进入期权实盘交易，能让你体会到多因素影响下的期权价格是如何变动的，期权策略是如何盈亏的，也能让你跟随时间的流逝体会立体的交易空间，这个实战过程比理论更重要，图 5-4 所示为期权价格随时间递减图。

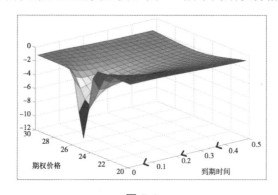

图 5-4

5.16　早盘交易机会多，尾盘交易机会少

　　跟大多数投资品种一样，期权的早盘也波动比较大，开盘后的 30 分钟内交易会很激烈，涨会涨过头，跌会跌过头，如果能把握住，交易机会就比较多，盈利也比较容易。但收盘前的 30 分钟交易机会比较少，这跟其他

的投资品种有些不同。因为期权当天的时间价值基本上就在这个时间点消耗掉，所以老练的交易者如果觉得尾盘没什么行情，就会选择在 14:30 前平仓离场，这样可以减少时间价值的消耗，越早平仓，平仓的价格会越好。

5.17　新手不要玩末日期权

期权到期日当天的期权合约波动有时会很大，对于期权新手来说最好不要交易这种期权合约，甚至在到期前 3 天以内都不要交易当月的期权合约，因为如果这时候行情出现大波动，那么盈亏都会很大，可能当天就亏完所有本金，也可能当天赚几倍，这不是期权新手能驾驭的，却是期权高手冲浪的好机会。图 5-5 为 2018 年 9 月 26 日 9 月上证 50ETF 期权合约的收盘价，当天上证 50ETF 上涨 1.49%，而上证 50ETF 购 9 月 2600 收盘大涨了 214%。但从图中可以看到，上证 50ETF 购 9 月 2650 下跌 91.67%，上证 50ETF 沽 9 月 2550 下跌 90%，上证 50ETF 沽 9 月 2600 下跌 99.06%，还有很多合约最后都是“归零”的。所以到期日当天有的期权合约涨几倍，有的跌没了，真是一念天堂、一念地狱。

股票期权　510050 50ETF　最新 2.638　幅度% +1.46　涨跌 +0.038　买入 2.637　卖出 2.638　现量 688　总量 1250.93万　成交 33.03亿　换手 9.77　量比 1.40

50ETF购9月2650

认购										认沽								
真实杠杆	Delta	持仓	隐波%	内在价值	时间价值	幅度%	涨跌	最新	执行价	最新	涨跌	幅度%	时间价值	内在价值	隐波%	持仓	Delta	真实杠杆
6.16	1.0000	912	0.01	0.4380	—	7.00	0.0280	0.4280	2.200	0.0001	0.0000	0.00	0.0001	—	121.95	36865	-0.0020	-52.74
6.98	1.0000	470	0.01	0.3880	—	8.00	0.0200	0.3700	2.250	0.0001	0.0000	0.00	0.0001	—	108.09	45684	-0.0022	-59.08
7.88	1.0000	815	0.01	0.3380	—	11.60	0.0348	0.3348	2.300	0.0001	0.0000	0.00	0.0001	—	94.41	44615	-0.0025	-67.05
9.46	1.0000	1590	0.01	0.2880	—	11.56	0.0289	0.2789	2.350	0.0001	0.0000	0.00	0.0001	—	80.88	45752	-0.0029	-77.47
11.17	1.0000	1837	0.01	0.2380	—	18.05	0.0361	0.2361	2.400	0.0001	0.0000	0.00	0.0001	—	67.45	45229	-0.0035	-91.78
14.14	1.0000	2277	0.01	0.1880	—	24.33	0.0365	0.1865	2.450	0.0001	-0.0001	-50.00	0.0001	—	54.08	41938	-0.0043	-112.49
19.79	0.9999	2662	0.01	0.1380	—	33.30	0.0333	0.1333	2.500	0.0001	-0.0001	-50.00	0.0001	—	40.68	35161	-0.0055	-146.25
30.81	0.9927	4597	0.01	0.0880	—	70.00	0.0350	0.0850	2.550	0.0001	-0.0009	-90.00	0.0001	—	26.70	30493	-0.0073	-191.87
67.66	0.8541	5660	0.01	0.0380	—	214.15	0.0227	0.0333	2.600	0.0001	-0.0105	-99.06	0.0001	—	13.00	21239	-0.0156	-411.57
1004.88	0.0381	28185	4.75	—	0.0001	-91.67	-0.0011	0.0001	2.650	0.0114	-0.0388	-77.29	—	0.0120	0.01	1025	-0.6213	-143.78
290.95	0.0110	48046	19.24	—	0.0001	-50.00	-0.0001	0.0001	2.700	0.0598	-0.0405	-40.38	—	0.0620	0.01	1356	-0.9502	-41.92
183.43	0.0070	34767	32.09	—	0.0001	-50.00	-0.0001	0.0001	2.750	0.1175	-0.0329	-21.88	0.0055	0.1120	68.21	1119	-0.8735	-19.61
137.33	0.0052	27995	44.15	—	0.0001	0.00	0.0000	0.0001	2.800	0.1673	-0.0327	-16.35	0.0053	0.1620	87.35	635	-0.8994	-14.18
111.26	0.0042	21744	55.67	—	0.0001	0.00	0.0000	0.0001	2.850	0.2105	-0.0396	-15.83	—	0.2120	0.01	591	-1.0000	-12.53
94.33	0.0036	20562	66.74	—	0.0001	0.00	0.0000	0.0001	2.900	0.2650	-0.0350	-11.67	0.0030	0.2620	110.08	706	-0.9466	-9.42
82.78	0.0031	13148	77.44	—	0.0001	0.00	0.0000	0.0001	2.950	0.3158	-0.0342	-9.77	0.0038	0.3120	131.06	382	-0.9445	-7.89
73.48	0.0028	21175	87.81	—	0.0001	0.00	0.0000	0.0001	3.000	0.3607	-0.0393	-9.82	—	0.3620	0.01	419	-1.0000	-7.31
54.31	0.0041	15657	115.28	—	0.0002	100.00	0.0001	0.0002	3.100	0.4611	-0.0389	-7.78	—	0.4620	0.01	304	-1.0000	-5.72
52.65	0.0020	14354	126.63	—	0.0001	0.00	0.0000	0.0001	3.200	0.5569	-0.0432	-7.20	—	0.5620	0.01	332	-1.0000	-4.74
46.64	0.0018	9443	144.69	—	0.0001	0.00	0.0000	0.0001	3.300	0.6653	-0.0347	-4.96	0.0033	0.6620	223.72	318	-0.9680	-3.84
42.09	0.0016	14580	162.00	—	0.0001	0.00	0.0000	0.0001	3.400	0.7661	-0.0339	-4.24	0.0041	0.7620	256.07	565	-0.9660	-3.33
38.52	0.0015	19717	178.62	—	0.0001	0.00	0.0000	0.0001	3.500	0.8411	-0.0589	-6.54	—	0.8620	0.01	864	-1.0000	-3.14
35.64	0.0014	42000	194.63	—	0.0001	0.00	0.0000	0.0001	3.600	0.9681	-0.0319	-3.19	0.0061	0.9620	321.40	998	-0.9611	-2.62

图 5-5

5.18　期权盈利不需要挤独木桥

前文中讲过，期权有 3 个主要影响因素，为我们提供 3 种不同的获利途径，不用像做股票和期货那样只能做方向性交易，跟大家一起去挤独木桥。如果觉得自己判断方向很内行，就做趋势交易；如果做方向性交易总是亏钱，就选择通过波动率来盈利，即当波动率相对低时做多波动率，当波动率相对高时做空波动率；如果想稳健地赚钱，那么可以选择通过时间价值来盈利，使用日历价差等期权策略来套利。

5.19　期权时代的立体玩法：股票+期权

随着 2017 年年初推出豆粕和白糖期货期权，期货市场进入了期权时代，交易体系从平面的进入立体的，即采用"期货+期权"的立体玩法进行交易。比如在做多商品期货的同时买入开仓看跌期权作为保护，变成保护性做多策略：商品期货+看跌期权，防止暴跌带来的爆仓或大亏的风险，但仍能获得上涨的大部分利润；或者在做多期货的同时卖出开仓看涨期权，变成增强收益的策略：商品期货+看涨期权，以图在横盘震荡行情中仍能有收益，降低持仓成本；当然也可以把这两种策略一起用，变成盈亏有限的领口策略：买入看跌期权+商品期货+卖出看涨期权（如图 5-6 所示），把盈亏限定在一个区间里，但不用增加成本。期权可以跟期货组合起来交易，也可以跟现货组合起来交易，更高级的是期权本身的组合策略，可以组合出几百种不同的策略，满足不同风险偏好的期权投资者。只要投资者有需求，就总有一种期权策略能够满足。

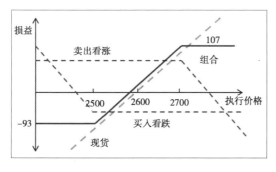

图 5-6

5.20　适合自己的交易方法才是最好的

市场上的交易方法五花八门，有人做日内交易，有人做趋势交易，有人做组合策略，有人什么都做……有很多方法供你参考，你可以根据自身的特点，找出一种适合自己的交易方法。比如你讨厌隔夜风险，就做日内交易；你对趋势分析很在行，就做趋势交易；你总是看错标的物的方向，就使用把方向对冲掉的期权组合策略。找出适合自己的方法，做自己最擅长的交易，赚属于自己的钱。

6

第6章

期权实战“降龙十八掌”

降龙十八掌，是金庸小说中的一门武功，这门武功在小说中刚猛无比，被誉为“天下第一掌”。众所周知，金庸先生精通国学，因此其作品中的许多武功虽是虚构的，但也并非无稽之谈，而是充满了传统文化的韵味。例如，降龙十八掌的招式名称皆取自《周易》，每一招的名称都蕴含着《周易》的智慧。本章尝试借降龙十八掌招式名称中蕴含的传统智慧来阐释期权交易的关键法则。所谓异曲同工、触类旁通，希望可以通过这种方式帮助初学者建立正确的期权交易思维。

6.1 潜龙勿用

“潜龙勿用”出自《周易·乾》：“初九：潜龙，勿用。”隐喻事物在发展之初，虽然势头较好，但比较弱小，所以应该小心谨慎，不可轻举妄动。期权比股票、期货等投资工具的门槛更高，学习难度更大。作为一名期权初学者，切忌在初学不久就迫不及待地进行大仓位的实盘交易。正确的做法是静下心来，循序渐进，首先了解期权交易的规则，其次学习期权交易的基础知识，同时掌握期权交易软件的使用方法，然后通过模拟盘锻炼期权的下单交易实践。经过这几步之后，才能进行小仓位的实盘交易。期权初学者要去除杂念，把期权的特性和股票、期货的特性琢磨透，再把交易股票、期货的一些好方法融会贯通到交易期权中来，比如股票的技术分析方法，同样可以用在分析期权的标的物上；比如期货的止损方法，在期权上更加适用；比如将趋势分析方法用在期权交易上可事半功倍。

招式要领：循序渐进

6.2　见龙在田

"见龙在田"出自《周易·乾》："见龙在田，利见大人。"可译成：真龙在田间，有利于见到道德品质高尚的人。所以这一卦告诉我们要向具有"龙德"的人学习真本事。期权是现代金融产品中"维度"最高、风险特征最难以把握的金融衍生品。对于期权学习者来说，仅仅通过书本自学是远远不够的，要谦虚谨慎，多向期权实战交易的高手学习。但好在互联网时代为我们的学习提供了诸多便利，期权学习者可以关注一些期权的专业网站和公众号进行学习交流。比如各大交易所网站的期权专栏，还有"上交所期权之家""期权屋""期权实战派"等公众号，投资者都可以关注学习。

招式要领：博采众长

6.3　飞龙在天

"飞龙在天"出自《周易·乾》："飞龙在天，利见大人。"意思是说"（像）飞龙（一样）飞在高高的天上，更易于见（接触、瞻仰）到德高望重的人"。期权是金融衍生品中的"九五之尊"，我们要站在更高的角度来做交易。期权的盈利途径是多种多样的，不要局限于像做股票、期货那样，只做方向性交易来盈利，可以站得更高，运用更多的途径来盈利。期权可以通过方向性交易策略来盈利，可以通过波动率交易策略来盈利，也可以通过时间交易策略来盈利，还可以通过无风险套利策略来盈利。如果投资者觉得自己判断方向很内行，就选择方向性交易策略；如果投资者做方向性交易老是亏钱，就选择通过波动率交易策略来盈利，即当波动率相对低时做多波动率，当波动率相对高时做空波动率；如果投资者想稳健赚钱，就选择通过时间交易策略、日历价差期权策略等来盈利。善于用期权交易策略，更易于到达盈利的彼岸。

招式要领：高屋建瓴

6.4　鸿渐于陆

"鸿渐于陆"出自《周易·渐》："鸿渐于陆，其羽可用为仪，吉。""鸿"指鸿雁，鸿雁飞得再高也要降落到陆地休息。此卦讲的是办事要有耐心，要循序渐进，适当学会休息。期权交易是一种投资智慧加一定运气的脑力游戏，不是单纯靠勤奋和交易频率就能取得回报的。不少投资者都有过度交易的倾向，觉得一天不做单，手就发痒，一天无持仓，心里就空落落的。整天在市场上买进、卖出，弄得自己身心疲惫，手续费交了一大堆，结果账面还出现亏损。其实，真正大的趋势交易机会，每年也就几次，只有冷静观察，潜心研究，才能捕捉到机会。此外，做期货的人都知道，做得不顺利时也要停下来休息一下，调整心态，总结经验。因此，学会休息也是期权交易的制胜之道。

招式要点：休养生息

6.5　或跃在渊

"或跃在渊"出自《周易·乾》："或跃在渊，无咎。"意思是龙有时跃上天空，有时停留在深渊，根据形势的需要而进退，就不会有错误。期权交易者应该认识到，市场在大部分时间里都处于横盘震荡状态，大涨、大跌不是市场的常态，这就要求期权交易者在大部分时间里要像龙一样，知道进退，能攻善守，把握市场的运行节奏。简而言之，当期权合约的价格在低位时买进，当期权合约的价格在高位时卖出。

招式要领：低吸高抛

6.6　羝羊触藩

"羝羊触藩"出自《周易·大壮》："羝羊触藩，羸其角。"又曰："羝羊触藩，不能退，不能遂。"意思是公羊的角缠在篱笆上，比喻进退两难。市场在大跌后的修复期和一段上涨后的横盘期往往难上难下，长时间处于区间震荡状态。无论是股票还是期货对于这种"羝羊触藩"式的小幅震荡行情都没有好的办法，只能期待变盘。但期权却有一种策略可以适用这种震荡行情，这种策略就是卖出跨式期权策略，即投资者同时卖出相同执行价的平值认购期权与平值认沽期权，获得 2 张权利金收益。当然，在运用此策略时，由于裸卖出了 2 张期权合约，并没有现货头寸做保护，风险比较大，因此一定要做好风险管理，以防止行情大幅波动造成的大幅亏损。

招式要领：审时度势

6.7　利涉大川

"利涉大川"出自《周易·益》："利有攸往，利涉大川。"意思是利于前去行事，利于涉过大江大河。在期权交易中，如何顺利地通过盈利的大河呢？高胜率的方法就是使用期权的卖方策略。市场行情可分为 5 种，分别是大涨、小涨、横盘、小跌、大跌。作为期权卖方的胜率是 4/5，比如卖出认沽期权，在大涨、小涨、横盘、小跌行情都能盈利，只有下跌会亏钱。但这个策略只能大概率地赚小钱，并且它的最大弱点是怕大幅波动，因为这样会亏大钱，所以必须做好风险管理，及时止损或者增加一条腿——顺势的权利仓，形成价差策略。

招式要领：稳操胜券

6.8　神龙摆尾

"神龙摆尾"出自《周易·履》："眇能视，跛能履，履虎尾，咥人，凶。"意思是说人瞎了一只眼睛还能看见东西，瘸了一条腿还能走路，但是如果不小踩到了老虎的尾巴，就会被它吃掉。期权在到期日当天的"末日行情"也是猛于虎的。在到期日当天，如果碰上标的物价格当天有大波动，当月的平值期权合约波动就会很大。如果抓住机会，做对方向，一天就能盈利几十倍；但如果不幸做反方向，就会损失惨重，可能当天就亏完所有本金。图 6-1 为 2016 年 7 月 27 日到期日当天上证 50ETF 沽 7 月 2200 分时图，该合约由上一交易日的收盘价 0.0006 元暴涨至盘中的最高价 0.0229 元，涨幅达 37 倍，但是尾盘又跌了 83.33%，几乎跌没了。

招式要领：火中取栗

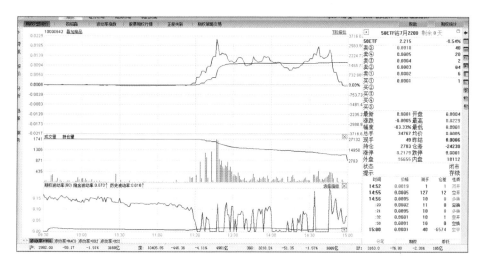

图 6-1

6.9 密云不雨

"密云不雨"出自《周易·小畜》："密云不雨。"密云很多了，但还不下雨，那是在等待刮风。密云不雨是力量的积累，时机（风）一到便厚积薄发，果断出击。作为一名老练的期权交易者，要学会"密云不雨"，在没有趋势或者没有确定性行情时坚决不出拳，积蓄力量。当技术面、消息面等形成共振，出现趋势行情时再果断出击。如果乱出拳，除了亏手续费还会被时间价值击垮，慢慢地权利金就亏完了。

招式要领：蓄势出击

6.10 突如其来

"突如其来"出自《周易·离》："突如其来如，焚如，死如，弃如。"可译成"突然间发出万道光芒，犹如燃烧的烈火，但顷刻之间又烟消云散，不复存在，落得个被抛弃的下场。""突如其来"的意思是事情出乎意料地发生。在股票和期货市场中，投资者最怕这种突如其来的事件，都尽量规避"黑天鹅"事件。但是在期权市场中，恰恰有一种策略可以适用这种突发事件，前提是大概知道"黑天鹅"要发生的时间。比如各国的大选、英国脱欧或者重要报告公布等，这些就可以使用买入跨式期权策略，同时买入相同月份、相同行权价的认购和认沽期权合约，最好保持买入金额一样，并且在事件发生前 1~2 天就建仓，等到事件发生当天就及时平仓。还有一种特殊的情况，就是事件公布前一天，期权的隐含波动率已经涨了很多，这时候就可以平仓期权合约了。因为大家都提前做出判断了，策略的目的达到了。有了这个策略，投资者再也不用怕"黑天鹅"事件。

招式要领：未雨绸缪

6.11　群龙无首

"群龙无首"出自《易·乾》："用九，见群龙无首，吉。"群龙无首在汉语中比喻没有头领，无从统一行动。但《周易》说"群龙无首，吉"。群龙无首有多种解释，但对于交易者来说，强调的是在判断行情时，不要心中预先有所偏执。《股票作手回忆录》中提出"价格沿阻力最小的路线运动"，华尔街有句名言"最好的交易员是没有态度的交易员"，期权交易者应该做的事就是不带先见地观察价格的运行方向。做期权买方就要顺应趋势选择最有可能达到的行权价和期权合约进行交易；做期权卖方则要选择市场阻力或支撑力最大的价位所对应的期权合约进行卖出，若该价位被突破，则切不可与市场赌气、死扛硬碰，应及时止损。

招式要领：勿固勿我

6.12　否极泰来

"否极泰来"出自《周易·杂卦传》:"否泰,反其类也。"在《周易》看来,阳刚往而将尽,阴柔来而将至,高亢之时,势必峰回路转,阳刚遂复返而渐来,阴柔则衰而渐往,周而复始。金融市场中有一个叫均值回归的定律,即价格偏离均值太远了就会回归,长期距离均值太近了就会偏离。期权标的物波动率均值回归现象尤为明显,所以在期权交易过程中,记得及时止盈,守住胜利果实,可以选择分批平仓保住盈利的做法。比如在盈利 50%时平仓三分之一,在盈利 100%或 200%时再平仓三分之一,当价格涨到了高点后回落之时就全部平仓,等待价格回落到均值附近时再考虑重新建仓。在这个止盈过程中,可以在收回本金的同时实现一部分账面盈利,最终全身而退。

招式要领:分批止盈

6.13　震惊百里

"震惊百里"出自《周易·震》:"震惊百里,不丧匕鬯(鬯:一种酒)。"震就是雷,意思是说一个人虽然被吓了一跳但酒却没撒掉,只从字面来理解的话就是比喻雷电的威力非常大。期权这一武器的最大威力(当然也是风险)就是权利仓的高杠杆了,期权的杠杆倍数正常在 20 倍左右,如果使用虚值期权合约,则杠杆可加至 50 倍甚至更高。当市场走出趋势行情时,就用权利仓出击,大涨行情买入认购期权,大跌行情买入认沽期权,这样一波趋势行情走下来,收益能有几倍,甚至几十倍。但这招不能经常用,要看准时机才行。

招式要领：乘胜追击

6.14　损则有孚

"损则有孚"出自《周易·损》："损，有孚，元吉。""损"就是不利、损失。"孚"就是信用。本意是说虽然遭受了损失，但如果坚守信用，依然是吉利的。为什么遭受了损失还是吉利的呢？我们不得不佩服古人的智慧。行情向持仓不利的方向变化是常有的事，但专业投资者不管行情如何变化，都会坚守交易纪律，该调仓的调仓，该止损的止损，果断坚决；而业余投资者往往惊慌失措，或者抱有幻想死扛到底，或者错误加仓、逆势抄底，最终亏损严重。在期权交易中，一旦触及止损点，就一定坚决马上平仓，不要寄希望于标的物价格会反向回来，以为自己还有翻盘的机会，否则很可能面临更大的亏损，也不要顾虑之前的投入而不愿意承担亏损。要牢记，收益是风险被控制后的自然产物，要细细品味"损则有孚"这句话中蕴含的智慧。

招式要领：坚决止损

6.15　时乘六龙

"时乘六龙"出自《周易·乾》："六位时成，时乘六龙以御天。""时"为因时，"乘"为驾，引申为运用，"御"为驾御。隐喻要因不同的时机分别运用飞、潜等六龙以驾御天道。上天尚且要循"时"而行，交易者更要"审时度势"，做到顺势而为。

在期权实战中，隐含波动率是一个很有参考价值的指标，可以借这个"势"而为。当认购期权上涨，隐含波动率也上涨时，说明大家都看涨后市，一般可以顺势做多；当认沽期权上涨，隐含波动率也上涨时，说明大家都看跌后市，一般可以顺势做空，具体如表6-1所示。

招式要领：顺势而为

表6-1

标的	期权合约	隐含波动率	如何交易
上证50ETF 上涨	认购期权 上涨	隐含波动率上涨	说明大家都看涨后市，一般可以追涨
		隐含波动率下跌	说明大家都在平仓，一般止盈平仓
上证50ETF 下跌	认沽期权 上涨	隐含波动率上涨	说明大家都看跌后市，一般可以杀跌
		隐含波动率下跌	说明大家都在平仓，一般止盈平仓

6.16 龙战于野

"龙战于野"出自《周易·坤》："龙战于野，其血玄黄。"龙为阳，此爻为阴，故龙战指阴阳交战。城外为郊，郊之外为野。玄黄分别指天、地之色。天地为最大的阴阳，其血玄黄是指阴阳交战流出了血，说明此爻是凶爻。也就是在矛盾双方力量悬殊时，较弱的一方被逼与较强的一方交战，就是以己之短，攻敌之长，身处逆境。作为期权交易者不可避免地会有身处逆境的情况，这时候只能止损出场。而如果我们身处有利的位置，我们要如何做呢？这时候就要见招拆招，那么行情上涨要出什么招应对？行情下跌要出什么招应对？行情横盘要出什么招应对？我们以看涨后市买入开仓认购期权为例，假设行情如你所判断上涨了，当上涨到一定价位后就可能出现继续上涨、横盘或者下跌，这时就要见招拆招，若继续上涨就用"加油"的招式，若横盘就用"换挡"的招式，若下跌就用"刹车"的招式，具体如表6-2所示。

表 6-2

期权类别	涨跌	操作	具体内容	可能
买入开仓 认购期权	上涨后	加油	平仓认购期权，用盈利买入开仓较高行权价的认购期权	继续上涨
		刹车	持有认购期权，卖出开仓高一档行权价的认购期权（牛差）	小跌
		换挡	平仓认购期权，卖出开仓相同行权价的认沽期权	不跌
		熄火	平仓，落袋为安	下跌
	下跌后	熄火	平仓，止损离场	下跌

行情上涨后有盈利了，若既想止盈又想再赌行情继续上涨，则可以平仓认购期权，用盈利部分买入开仓高一档行权价的认购期权，这样可以保证本金没有损失且继续参与后面的交易，这就是"加油"招式；若觉得行情涨不动了，则可以平仓原来的认购期权，卖出开仓相同行权价的认沽期权，这就是"换挡"招式；若觉得行情后面要小跌，则可以卖出开仓高一档行权价的认购期权，这就是"刹车"招式，可根据自己对后市行情的判断见招拆招。

招式要领：见招拆招

6.17 履霜冰至

"履霜冰至"出自《周易·坤》："履霜，坚冰至。"踩到了霜，那么离大冰雪就不远了。此卦讲解的是"冰冻三尺，非一日之寒"，做事要有循序渐进之心。很多期权投资者对期权收益有一些过高的预期，期待"一夜暴富"，认为高杠杆一定要对应高收益。可是期权和其他金融衍生品一样，都是投资者互相博弈的零和游戏，那些抱着一夜暴富的思想进入期权市场参与交易的投资者，因为不注重风险控制和资金管理，绝大部分最终带着悔恨灰溜溜地离开了这个市场。作为期权交易者首先要降低盈利预期，做好资金管理，分批建仓、步步为营。

招式要领：分批建仓

6.18 亢龙有悔

"亢龙有悔"出自《周易·乾》："上九，亢龙有悔。"意为龙飞到了过高的地方，必将会后悔。居高位的人要戒骄，否则会失败而后悔。后来也形容倨傲者不免招祸。亢龙有悔阶段是飞龙在天阶段发展到一定程度的必然产物，经过了飞龙在天的快速盈利阶段以后，投资者会变得非常亢奋，极为乐观，不愿意抛出手中的筹码，甚至继续加仓想让利润继续增加。然而，物极必反，在极为亢奋的时候风险也已经临近了，高处不胜寒，当市场群情激昂的时候，也往往意味着顶部的来临。亢龙有悔这一阶段的主要任务已经不再是持仓和建仓了，而是择机逢高减仓。巴菲特的投资座右铭"别人贪婪时我恐惧，别人恐惧时我贪婪"说的就是这个道理。此外，大家都知道金融市场是一个变幻莫测的市场，风险和机遇常相伴，所以作为投资者，要时刻敬畏金融市场，注意风险，谨慎前行，这样才能长久立足于金融市场中。

招式要领：敬畏市场

第7章

7

期权实战"经典十招"

期权实战"经典十招"涵盖了十种不同行情下的期权实战交易，投资者可根据自己对行情的判断来选择其中一种招式，并选择一个期权合约进行交易。这十招就像一个期权合约筛选器，可以轻松地筛选出投资者想要的合约，做到一招制胜。

7.1 第一招暴力上涨：买入开仓虚值三档认购期权

招式介绍：

买入开仓虚值三档认购期权如表 7-1 所示。

表 7-1

招式	买入开仓虚值三档认购期权
最大盈利	理论上无限
最大亏损	付出的权利金

续表

盈亏平衡点	期权行权价+期权权利金
选择月份	当月合约或主力月份合约

杀伤力 5 颗星：☆☆☆☆☆

使用场景：

当预计标的价格将要暴涨，上涨幅度可能超过 6%，出现一波又快又猛的上涨行情时，使用买入开仓虚值三档认购期权。

使用说明：

买入开仓虚值三档认购期权所付出的权利金比较少，成本低，杠杆更高，可以获得更高的收益，但是获利的概率比较低，标的价格必须有大幅度的上涨才能获利。

实战用法：

小旭在 2024 年 9 月 24 日买入开仓 1 张沪深 300 指数虚值三档认购期权 IO2411-C-3500，预计沪深 300 指数将要暴涨。沪深 300 指数当天收盘价为 3351.91 元，沪深 300 指数认购期权 IO2411-C-3500 当天收盘价为 42.60 元，构建方式如表 7-2 所示。

表 7-2

如何构建	买入开仓 1 张认购期权 IO2411-C-3500，价格：42.60 元
构建理由	预计沪深 300 指数要暴涨，涨幅超过 6%
最大盈利	理论上无限
最大亏损	4260.0 元
盈亏平衡点	3500.0+42.60=3542.60 元
选择月份	选择 11 月份的合约

盈亏效果如表 7-3 所示，从表中可以看出，沪深 300 指数从 2024 年 9

月 24 日的收盘价 3351.91 点，涨到 10 月 8 日的收盘价 4256.10 点，暴涨
26.98%，而买入开仓虚值三档认购期权 IO2411-C-3500（简称买开 IO2411-C-
3500）盈利为 74600.0 元，收益率为 1751.00%（备注：本书中所有例子中
关于收益率的计算都没有包括手续费）。买入开仓虚值三档认购期权行情图
如图 7-1 所示。

表 7-3

标的	9 月 24 日价格	10 月 8 日价格	盈亏值	盈亏比例	备注
沪深 300 指数	3351.91 点	4256.10 点	904.19 点	26.98%	价格未乘以
买开 IO2411-C-3500	42.60 元	788.60 元	746.00 元	1751.00%	乘数 100

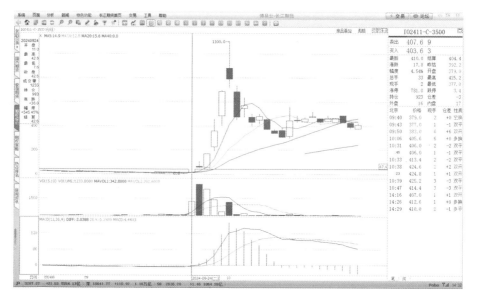

图 7-1

我们再来看一看期权合约从建仓到平仓，买入开仓虚值三档认购期权
IO2411-C-3500 的动态盈亏情况（如表 7-4 所示）。

表 7-4

日期	沪深 300 指数的价格/点	沪深 300 指数的盈亏比例	期权合约的盈亏比例
9 月 26 日	3545.32	5.17%	299.53%
9 月 27 日	3703.68	10.49%	745.07%
9 月 30 日	4017.85	19.87%	1513.62%
10 月 8 日	4256.10	26.98%	1751.17%

招式弱点：

标的价格小幅上涨或下跌都会造成亏损，并且波动率下降和时间的流逝都对该招式不利。

使用要领：

（1）买入开仓虚值三档认购期权合约基本上不用止损，除非买入金额很大。

（2）短期内如果出现暴涨行情，则考虑平仓落袋，等待下一次机会。

（3）一般在趋势行情启动前进场，收益会很不错。

（4）若选择正常的行权价间距（标的价格的 2%左右）的期权品种，就选择虚值三档的期权合约；若选择行权价间距比较小（标的价格的 1%左右）的期权品种，就选择虚值五档的期权合约，如上证 50 指数期权、玉米期权、菜粕期权等；若选择行权价间距比较大（标的价格的 5%左右）的期权品种，就选择虚值一档的期权合约，如科创 50ETF 期权等。

7.2　第二招波平大涨：买入开仓虚值一档认购期权

招式介绍：

买入开仓虚值一档认购期权，如表 7-5 所示。

表 7-5

招式	买入开仓虚值一档认购期权
最大盈利	理论上无限
最大亏损	付出的权利金
盈亏平衡点	期权行权价+期权权利金
选择月份	当月合约或主力月份合约

杀伤力 5 颗星：☆☆☆☆☆

使用场景：

当预计标的价格将出现大涨，上涨幅度可能超过 3%，波动率指数处于正常水平时，使用买入开仓虚值一档认购期权。

使用说明：

买入开仓虚值一档认购期权，如果波动率指数处于正常水平，则此时认购期权的权利金不会太高，杠杆适中，获利概率高一些，只要标的价格有比较大的幅度上涨就可以获利。

实战用法：

小旭在 2024 年 9 月 18 日买入开仓 1 张白糖期货 SR2501 虚值一档认购期权 SR501-C-5800，预计白糖期货 SR2501 将要大涨。白糖期货 SR2501 当天收盘价为 5742.0 元，虚值一档认购期权 SR501-C-5800 当天收盘价为 92.0 元，构建方式如表 7-6 所示，买入开仓虚值一档认购期权行情图如图 7-2 所示。

表 7-6

如何构建	买入开仓 1 张虚值一档认购期权 SR501-C-5800，价格：92.0 元
构建理由	预计白糖期货 SR2501 将要大涨，涨幅超过 3%
最大盈利	理论上无限
最大亏损	920.0 元
盈亏平衡点	5800.0+92.0=5892.0 元
选择月份	选择 1 月的主力月份合约

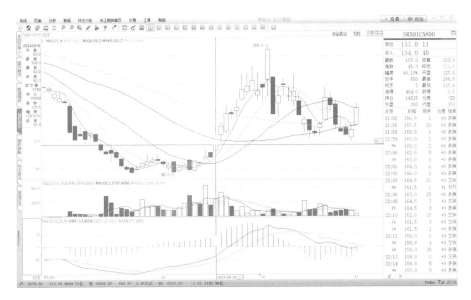

图 7-2

盈亏效果如表 7-7 所示，从表中可以看出，白糖期货 SR2501 从 2024 年 9 月 18 日的收盘价 5742.0 元，涨到 10 月 31 日的收盘价 5870.0 元，上涨 2.23%，而买入开仓 1 张虚值一档认购期权 SR501-C-5800（简称买开 SR501-C-5800）盈利 255.0 元，收益率为 27.72%。

表 7-7

标的	9 月 18 日价格	10 月 31 日价格	盈亏值	盈亏比例	备注
白糖期货 SR2501	5742.0 元	5870.0 元	128.0 元	2.23%	价格未乘以乘数 10
买开 SR501-C-5800	92.0 元	117.5 元	25.5 元	27.72%	

我们再来看看期权合约从建仓到平仓，买入开仓虚值一档认购期权 SR501-C-5800 的动态盈亏情况（如表 7-8 所示）。

表 7-8

日期	白糖期货 SR2501 的价格	白糖期货 SR2501 的盈亏比例	期权合约的盈亏比例
9 月 24 日	5871.0 元	2.25%	71.74%
10 月 9 日	6020.0 元	4.84%	183.70%

续表

日期	白糖期货 SR2501 的价格	白糖期货 SR2501 的盈亏比例	期权合约的盈亏比例
10 月 16 日	5934.0 元	3.34%	102.72%
10 月 22 日	5844.0 元	1.78%	22.28%
10 月 31 日	5870.0 元	2.23%	27.72%

招式弱点:

标的价格小幅上涨或下跌都会造成亏损,并且波动率下降和时间的流逝也对该招式不利。

使用要领:

(1)买入开仓虚值一档认购期权合约的权利金还是比较高的,如果行情没有大涨,则记得及时止损。

(2)短期内如果出现大涨行情,则考虑平仓落袋,等待下一次机会,或者把该合约平仓后再买入开仓相同张数、对应当时平值行权价的认购期权合约。

(3)一般在趋势行情启动前进场,收益会很不错。

(4)若选择正常的行权价间距(标的价格的2%左右)的期权品种,就选择虚值一档的期权合约;若选择行权价间距比较小(标的价格的1%左右)的期权品种,就选择虚值二档的期权合约,如上证50指数期权、玉米期权、菜粕期权等;若选择行权价间距比较大(标的价格的5%左右)的期权品种,就选择平值的期权合约,如科创50ETF期权等。

7.3 第三招波高大涨:买入开仓实值三档认购期权

招式介绍:

买入开仓实值三档认购期权，如表 7-9 所示。

表 7-9

招式	买入开仓实值三档认购期权
最大盈利	理论上无限
最大亏损	付出的权利金
盈亏平衡点	期权行权价+期权权利金
选择月份	当月合约或主力月份合约

杀伤力 5 颗星：☆☆☆☆☆

使用场景：

当预计标的价格将出现大涨，上涨幅度可能超过 3%，波动率指数处于较高水平时，使用买入开仓实值三档认购期权。

使用说明：

买入开仓实值三档认购期权，如果波动率指数处于较高水平，那么此时认购期权的时间价值都很高，而实值三档认购期权的时间价值相对少一些，标的价格上涨时能够赚到更多的内在价值，只损失不多的时间价值，获利比较容易，只要标的价格有一定幅度的上涨就可以获利。

实战用法：

小旭在 2024 年 9 月 27 日买入开仓 1 张科创 50ETF（代码：588000）实值三档认购期权科创 50 购 11 月 650，预计科创 50ETF 将要大涨，但是科创 50ETF 的波动率指数处于非常高的水平。科创 50ETF 当天收盘价为 0.792 元，实值三档认购期权科创 50 购 11 月 650 当天收盘价为 0.1528 元，构建方式如表 7-10 所示，行情图如图 7-3 所示。

表 7-10

如何构建	买入开仓 1 张实值三档认购期权科创 50 购 11 月 650，价格：0.1528 元
构建理由	预计科创 50ETF 要大涨，但是波动率指数处于较高水平
最大盈利	理论上无限
最大亏损	1528.0 元
盈亏平衡点	0.650+0.1528=0.8028 元
选择月份	选择 11 月份的合约

图 7-3

盈亏效果如表 7-11 所示，从表中可以看出，科创 50ETF 从 2024 年 9 月 27 日的收盘价 0.792 元，涨到 10 月 31 日的收盘价 1.0196 元，大幅上涨 28.74%。买入开仓实值三档认购期权科创 50 购 11 月 650（简称买开科创 50 购 11 月 650）盈利 2122.0 元，收益率为 138.87%。因为科创 50ETF 期权的行权价间距比较大（标的价格的 5%左右），所以可以考虑选择实值一档的期权合约，这个就留给读者自己去验证了。

表 7-11

标的	9 月 27 日价格	10 月 31 日价格	盈亏值	盈亏比例	备注
科创 50ETF	0.792 元	1.0196 元	0.2276 元	28.74%	价格未乘以乘数 10 000
买开科创 50 购 11 月 650	0.1528 元	0.3650 元	0.2122 元	138.87%	

我们再来看一看期权合约从建仓到平仓，买入开仓实值三档认购期权科创 50 购 11 月 650 的动态盈亏情况（如表 7-12 所示）。

表 7-12

日期	科创 50ETF 的价格	科创 50ETF 的盈亏比例	期权合约的盈亏比例
9 月 30 日	0.950 元	19.95%	103.80%
10 月 8 日	1.140 元	43.94%	228.14%
10 月 11 日	0.951 元	20.08%	101.57%
10 月 18 日	1.041 元	31.44%	144.63%
10 月 25 日	1.045 元	31.94%	156.15%
10 月 31 日	1.020 元	28.74%	138.87%

招式弱点：

标的价格横盘或下跌都会造成亏损，特别是大跌时亏损会比较大，而波动率下降和时间的流逝对该招式影响有限。

使用要领：

（1）买入开仓实值三档认购期权合约的权利金很高，如果行情出现下跌或大跌，则必须及时止损，否则亏损会很大。

（2）短期内如果出现大涨行情，则考虑平仓落袋，等待下一次机会，或者把该合约平仓后再买入开仓相同张数、高四档行权价的认购期权购 7 月 2500，前提是预计行情继续上涨。

（3）买入开仓实值三档认购期权合约对波动率和时间价值的影响不是很敏感，可以扛得住横盘震荡行情，因为亏损比例不会很大。

（4）若选择正常的行权价间距（标的价格的 2% 左右）的期权品种，就选择实值三档的期权合约；若选择行权价间距比较小（标的价格的 1% 左右）的期权品种，就选择实值五档的期权合约，如上证 50 指数期权、玉米期权、菜粕期权等；若选择行权价间距比较大（标的价格的 5% 左右）的期权品种，就选择实值一档的期权合约，如科创 50ETF 期权等。

7.4　第四招温和小涨：卖出开仓平值认沽期权

招式介绍：

卖出开仓平值认沽期权，如表 7-13 所示。

表 7-13

招式	卖出开仓平值认沽期权
最大盈利	收到的权利金
最大亏损	期权行权价-期权权利金
盈亏平衡点	期权行权价-期权权利金
选择月份	当月合约或主力月份合约

杀伤力 3 颗星：☆☆☆

使用场景：

当预计标的价格将出现温和小涨，波动率指数处于正常水平时，使用卖出开仓平值认沽期权。

使用说明：

卖出开仓平值认沽期权合约，能够赚取最多的时间价值，并且获利的概率高一些，只要标的价格横盘或上涨就可以获利，即使标的价格小幅下跌也能盈利，只是盈利少一些而已。

实战用法：

小旭在 2024 年 10 月 16 日卖出开仓 1 张中证 1000 平值认沽期权 MO2411-P-5600，预计中证 1000 指数将要温和小涨。中证 1000 指数当天收盘价为 5615.76 元，中证 1000 平值认沽期权 MO2411-P-5600 当天收盘价为 255.0 元，构建方式如表 7-14 所示，行情图如图 7-4 所示。

表 7-14

如何构建	卖出开仓 1 张平值认沽期权 MO2411-P-5600，价格：255.0 元
构建理由	预计中证 1000 指数要温和小涨
最大盈利	25500.0 元
最大亏损	（5600.0-255.0）×100=534500.0 元（无限）
盈亏平衡点	5600.0-255.0=5345.0 元
选择月份	选择 11 月份的主力月份合约

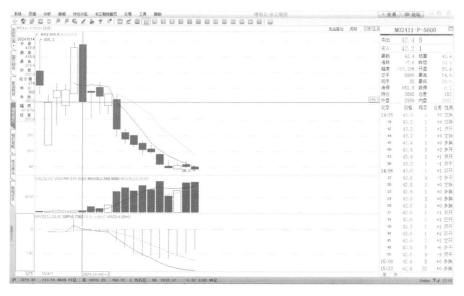

图 7-4

盈亏效果如表 7-15 所示，从表中可以看出，中证 1000 指数从 2024 年 10 月 16 日的收盘价 5615.76 点，涨到 10 月 31 日的收盘价 6116.66 点，上涨 8.92%，而卖出开仓平值认沽期权 MO2411-P-5600（简称卖开 MO2411-P-5600）盈利 21260.0 元，收益率为 25.01%（假设卖出开仓该合约的保证金为 85000 元/张）。

表 7-15

标的	10 月 16 日价格	10 月 31 日价格	盈亏值	盈亏比例	备注
中证 1000 指数	5615.76 点	6116.66 点	500.9 点	8.92%	价格未乘以乘数 100
卖开 MO2411-P-5600	255.0 元	42.4 元	212.6 元	25.01%	

我们再来看一看期权合约从建仓到平仓，卖出开仓认沽期权 MO2411-P-5600 的动态盈亏情况（如表 7-16 所示）。

表 7-16

日期	中证 1000 指数的价格	中证 1000 指数的盈亏比例	期权合约的盈亏值
10 月 18 日	5749.43 点	2.38%	84.6 元
10 月 23 日	5903.58 点	5.13%	150.8 元
10 月 28 日	6082.09 点	8.30%	209.0 元
10 月 31 日	6116.66 点	8.92%	212.6 元

招式弱点：

标的价格大幅下跌会造成比较大的亏损，并且波动率上升对该招式不利。

使用要领：

（1）如果行情出现大跌，则记得及时止损。

（2）短期内如果出现大涨行情，则考虑平仓落袋，再卖出开仓相同张数、高一档行权价的认沽期权 MO2411-P-5700，前提是预计行情继续温和上涨。

（3）在波动率指数处于较高水平时进场更好，安全边际更高。

（4）卖出开仓平值认沽期权的胜率比较高，大涨、小涨、横盘、小跌都对该招式有利，只有大跌对该招式不利，所以胜率可以达到 80%。

7.5　第五招不跌会涨：卖出开仓虚值一档认沽期权

招式介绍：

卖出开仓虚值一档认沽期权，如表 7-17 所示。

表 7-17

招式	卖出开仓虚值一档认沽期权
最大盈利	收到的权利金
最大亏损	期权行权价-期权权利金
盈亏平衡点	期权行权价-期权权利金
选择月份	当月合约或主力月份合约

杀伤力 3 颗星：☆☆☆

使用场景：

当预计标的价格不会下跌，还可能上涨时，使用卖出开仓虚值一档认沽期权。

使用说明：

卖出开仓虚值一档认沽期权合约，虽然赚取的时间价值不是很多，但是获利的概率很高，只要标的价格横盘或上涨就可以获得较大收益，即使标的价格在下跌一定幅度（大约 2%）的情况下也能获得收益。

实战用法:

小旭在 2024 年 10 月 14 日卖出开仓 1 张创业板 ETF 虚值一档认沽期权创业板 ETF 沽 11 月 2050,预计创业板 ETF 不会下跌,还可能上涨。创业板 ETF 当天的收盘价为 2.116 元,创业板 ETF 虚值一档认沽期权创业板 ETF 沽 11 月 2050 当天的收盘价为 0.0996 元,构建方式如表 7-18 所示,行情图如图 7-5 所示。

表 7-18

如何构建	卖出开仓 1 张虚值一档认沽期权创业板 ETF 沽 11 月 2050,价格:0.0996 元
构建理由	预计创业板 ETF 不会下跌,可能上涨
最大盈利	996.0 元
最大亏损	(2.050−0.0996)×10 000=19504.0 元(无限)
盈亏平衡点	2.050−0.0996=1.9504 元
选择月份	选择 11 月份的合约

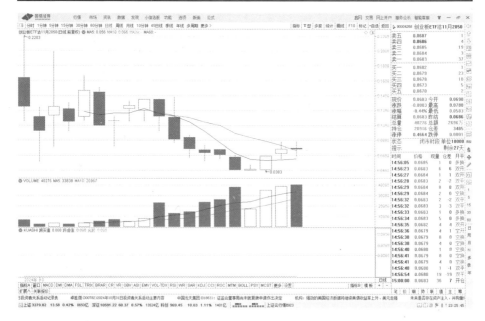

图 7-5

盈亏效果如表 7-19 所示，从表中可以看出，创业板 ETF 从 2024 年 10 月 14 日的收盘价 2.116 元，涨到 10 月 31 日的收盘价 2.122 元，上涨 0.28%，而卖出开仓 1 张虚值一档认沽期权创业板 ETF 沽 11 月 2050（简称卖开创业板 ETF 沽 11 月 2050）盈利 313.0 元，收益率为 10.43%（假设卖出开仓该合约的保证金为 3000 元/张）。

表 7-19

标的	10 月 14 日价格	10 月 31 日价格	盈亏值	盈亏比例	备注
创业板 ETF	2.116 元	2.122 元	0.006 元	0.28%	价格未乘以乘数 10 000
卖开创业板 ETF 沽 11 月 2050	0.0996 元	0.0683 元	0.0313 元	10.43%	

我们再来看一看期权合约从建仓到平仓，卖出开仓认沽期权创业板 ETF 沽 11 月 2050 的动态盈亏情况（如表 7-20 所示）。

表 7-20

日期	创业板 ETF 的价格	创业板 ETF 的盈亏比例	期权合约的盈亏值
10 月 16 日	2.000 元	-5.48%	-0.0271 元
10 月 21 日	2.167 元	2.41%	0.0188 元
10 月 24 日	2.132 元	0.76%	0.0388 元
10 月 28 日	2.188 元	3.40%	0.0581 元
10 月 31 日	2.122 元	0.28%	0.0313 元

招式弱点：

标的价格大幅下跌会造成比较大的亏损，并且波动率上升对该招式不利。

使用要领：

（1）如果行情出现大跌，则记得及时止损。

（2）短期内如果出现大涨行情，则考虑平仓落袋，再卖出开仓相同张数、高一档行权价的认沽期权创业板 ETF 沽 11 月 2100，前提是预计行情继续上涨。

（3）在波动率指数处于较高水平时进场更好，安全边际更高。

（4）卖出开仓虚值一档认沽期权的胜率比较高，大涨、小涨、横盘、小跌都对该招式有利，只有大跌对该招式不利，所以胜率可以达到 80%。

（5）若选择正常的行权价间距（标的价格的 2% 左右）的期权品种，就选择虚值一档的期权合约；若选择行权价间距比较小（标的价格的 1% 左右）的期权品种，就选择虚值二档的期权合约，如上证 50 指数期权、玉米期权、菜粕期权等；若选择行权价间距比较大（标的价格的 5% 左右）的期权品种，就选择虚值一档的期权合约，如科创 50ETF 期权等。

7.6　第六招不涨会跌：卖出开仓虚值一档认购期权

招式介绍：

卖出开仓虚值一档认购期权，如表 7-21 所示。

表 7-21

招式	卖出开仓虚值一档认购期权
最大盈利	收到的权利金
最大亏损	理论上无限
盈亏平衡点	期权行权价+期权权利金
选择月份	当月合约或主力月份合约

杀伤力 3 颗星：☆☆☆

使用场景：

当预计标的价格不会上涨，还可能下跌时，使用卖出开仓虚值一档认购期权。

使用说明：

虽然卖出开仓虚值一档认购期权合约赚取的时间价值不是很多，但是获利的概率很高，只要标的价格横盘或下跌就可以获得较大收益，即使标的价格在一定幅度上涨（大约 2%）的情况下也能获得收益。

实战用法：

小旭在 2024 年 10 月 10 日卖出开仓 1 张原油期货 SC2412 虚值一档认购期权 SC2412-C-560，预计原油期货 SC2412 不会上涨，也可能下跌。原油期货 SC2412 当天收盘价为 547.7 元，虚值一档认购期权 SC2412-C-560 当天收盘价为 20.45 元，构建方式如表 7-22 所示，行情图如图 7-6 所示。

表 7-22

如何构建	卖出开仓 1 张虚值一档认购期权 SC2412-C-560，价格：20.45 元
构建理由	预计原油期货 SC2412 不会上涨，也可能下跌
最大盈利	20450.0 元
最大亏损	无限
盈亏平衡点	560.0+20.45=580.45 元
选择月份	选择 12 月份的主力月份合约

图 7-6

盈亏效果如表 7-23 所示，从表中可以看出，原油期货 SC2412 从 2024 年 10 月 10 日的收盘价 547.7 元，跌到 10 月 31 日的收盘价 523.6 元，下跌 4.40%，而卖出开仓 1 张虚值一档认购期权 SC2412-C-560（简称卖开 SC2412-C-560）盈利 17700.0 元，收益率为 25.29%（假设卖出开仓该合约的保证金为 70 000 元/张）。

表 7-23

标的	10 月 10 日价格	10 月 31 日价格	盈亏值	盈亏比例	备注
原油期货 SC2412	547.7 元	523.6 元	-24.1 元	-4.40%	价格未乘以乘
卖开 SC2412-C-560	20.45 元	2.75 元	17.7 元	25.29%	数 1000

我们再来看一看期权合约从建仓到到期，卖出开仓看涨期权 SC2412-C-560 的动态盈亏情况（如表 7-24 所示）。

表 7-24

日期	原油期货 SC2412 的价格	原油期货 SC2412 的盈亏比例	期权合约的盈亏值
10 月 14 日	555.1 元	1.35%	−5.05 元
10 月 18 日	537.4 元	−1.88%	8.05 元
10 月 23 日	544.7 元	−0.58%	7.25 元
10 月 29 日	512.1 元	−6.50%	17.80 元
10 月 31 日	523.6 元	−4.40%	17.70 元

招式弱点：

标的价格大幅上涨会造成比较大的亏损，并且波动率上升对该招式不利。

使用要领：

（1）如果行情出现大涨，则记得及时止损。

（2）短期内如果出现大跌行情，则考虑平仓落袋，再卖出开仓相同张数、低一档行权价的认购期权 SC2412-C-550，前提是预计行情继续下跌。

（3）在波动率指数处于较高水平时进场更好，安全边际更高。

（4）卖出开仓虚值一档认购期权的胜率比较高，大跌、小跌、横盘、小涨都对该招式有利，只有大涨对该招式不利，所以胜率可以达到 80%。

（5）若选择正常的行权价间距（标的价格的 2% 左右）的期权品种，就选择虚值一档的期权合约；若选择行权价间距比较小（标的价格的 1% 左右）的期权品种，就选择虚值二档的期权合约，如上证 50 指数期权、玉米期权、菜粕期权等；若选择行权价间距比较大（标的价格的 5% 左右）的期权品种，就选择虚值一档的期权合约，如科创 50ETF 期权等。

7.7 第七招温和小跌：卖出开仓平值认购期权

招式介绍：

卖出开仓平值认购期权，如表 7-25 所示。

表 7-25

招式	卖出开仓平值认购期权
最大盈利	收到的权利金
最大亏损	理论上无限
盈亏平衡点	期权行权价+期权权利金
选择月份	当月合约或主力月份合约

杀伤力 3 颗星：☆☆☆

使用场景：

当预计标的价格将出现温和小跌，波动率指数处于正常水平时，使用卖出开仓平值认购期权。

使用说明：

卖出开仓平值认购期权合约，能够赚取最多的时间价值，并且获利的概率高一些，只要标的价格横盘或下跌就可以获利，即使标的价格小幅上涨也能盈利，只是盈利少一些而已。

实战用法：

小旭在 2024 年 10 月 18 日卖出开仓 1 张创业板 ETF 平值认购期权创业板 ETF 购 11 月 2150，预计创业板 ETF 将温和下跌。创业板 ETF 当天收盘价为 2.156 元，创业板 ETF 购 11 月 2150 当天收盘价为 0.1391 元，构建方式如表 7-26 所示，行情图如图 7-7 所示。

表 7-26

如何构建	卖出开仓 1 张平值认购期权创业板 ETF 购 11 月 2150，价格：0.1391 元
构建理由	预计创业板 ETF 将温和下跌
最大盈利	1391.0 元
最大亏损	无限
盈亏平衡点	2.156+0.1391=2.2951 元
选择月份	选择 11 月份的下半月合约

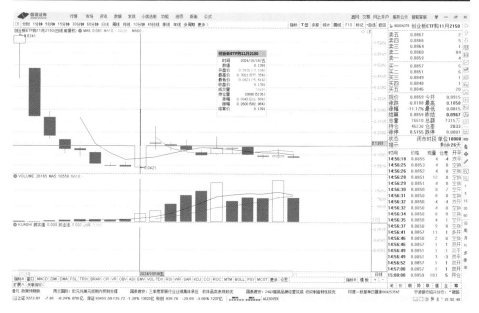

图 7-7

盈亏效果如表 7-27 所示，从表中可以看出，创业板 ETF 从 2024 年 10 月 18 日的收盘价 2.156 元，跌到 11 月 1 日的收盘价 2.085 元，下跌 3.29%，而卖出开仓平值认购期权创业板 ETF 购 11 月 2150（简称卖开创业板 ETF 购 11 月 2150）盈利 532.0 元，收益率为 13.30%（假设卖出开仓该合约的保证金为 4000 元/张）。

表 7-27

标的	10 月 18 日价格	11 月 1 日价格	盈亏值	盈亏比例	备注
创业板 ETF	2.156 元	2.085 元	−0.071 元	−3.29%	价格未乘
卖开创业板 ETF 购 11 月 2150	0.1391 元	0.0859 元	0.0532 元	13.30%	以乘数 10 000

我们再来看一看期权合约从建仓到平仓，卖出开仓认购期权创业板 ETF 购 11 月 2150 的动态盈亏情况（如表 7-28 所示）。

表 7-28

日期	创业板 ETF 的价格	创业板 ETF 的盈亏比例	期权合约的盈亏值
10 月 23 日	2.162 元	0.28%	0.0180 元
10 月 28 日	2.188 元	1.48%	0.0133 元
10 月 30 日	2.111 元	−2.09%	0.0491 元
11 月 1 日	2.085 元	−3.29%	0.0532 元

招式弱点：

标的价格大幅上涨会造成比较大的亏损，并且波动率上升对该招式不利。

使用要领：

（1）如果行情出现大涨，则记得及时止损。

（2）短期内如果出现大跌行情，则考虑平仓落袋，再卖出开仓相同张数、低一档行权价的认购期权创业板 ETF 购 11 月 2100，前提是预计行情继续下跌。

（3）在波动率指数处于较高水平时进场更好，安全边际更高。

（4）卖出开仓平值认购期权的胜率比较高，大跌、小跌、横盘、小涨都对该招式有利，只有大涨对该招式不利，所以胜率可以达到 80%。

（5）若选择正常的行权价间距（标的价格的 2% 左右）的期权品种，就选择虚值一档的期权合约；若选择行权价间距比较小（标的价格的 1% 左右）的期权品种，就选择虚值二档的期权合约，如上证 50 指数期权、玉米期权、菜粕期权等；若选择行权价间距比较大（标的价格的 5% 左右）的期权品种，就选择平值的期权合约，如科创 50ETF 期权等。

7.8　第八招波高大跌：买入开仓实值三档认沽期权

招式介绍：

买入开仓实值三档认沽期权，如表 7-29 所示。

表 7-29

招式	买入开仓实值三档认沽期权
最大盈利	理论上无限
最大亏损	付出的权利金
盈亏平衡点	期权行权价-期权权利金
选择月份	当月合约或主力月份合约

杀伤力 4 颗星：☆☆☆☆

使用场景：

当预计标的价格将出现大跌，下跌幅度可能超过 3%，波动率指数处于较高水平时，使用买入开仓实值三档认沽期权。

使用说明：

买入开仓实值三档认沽期权合约，如果波动率指数处于较高水平，此时认沽期权的时间价值都很高，而实值三档认沽期权的时间价值相对少一些，标的价格下跌时能够赚到更多的内在价值，只损失不多的时间价值，获利比较容易，只要标的价格有一定幅度的下跌就可以获利。

实战用法：

小旭在 2024 年 10 月 8 日买入开仓 1 张甲醇期货 MA2501 实值三档认沽期权 MA501-P-2700，预计甲醇期货 MA2501 将要大跌，但是波动率指数处于较高水平。甲醇期货 MA2501 当天收盘价为 2567.0 元，认沽期权 MA501-P-2700 当天收盘价为 185.0 元，构建方式如表 7-30 所示，行情图如图 7-8 所示。

表 7-30

如何构建	买入开仓 1 张实值三档认沽期权 MA501-P-2700，价格：185.0 元
构建理由	预计甲醇期货 MA2501 将要大跌，波动率指数处于较高水平
最大盈利	理论上无限
最大亏损	1850.0 元
盈亏平衡点	2700.0-185.0=2515.0 元
选择月份	选择 1 月份的主力月份合约

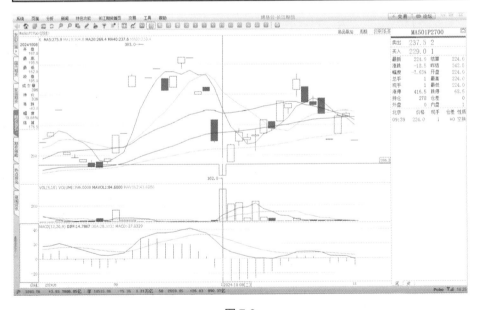

图 7-8

  盈亏效果如表 7-31 所示，从表中可以看出，甲醇期货 MA2501 从 2024 年 10 月 8 日的收盘价 2567.0 元，跌到 11 月 1 日的收盘价 2479.0 元，大幅下跌 3.43%，买入开仓实值三档认沽期权 MA501-P-2700（简称买开 MA501-P-2700）盈利 390.0 元，收益率为 21.08%。这个实值三档认沽期权 MA501-P-2700 由于标的价格大跌后变成深度实值的合约，导致成交量很少，这时要么限价委托等待成交平仓，要么行权后变成期货再平仓，但是行权会损失一点时间价值。

表 7-31

标的	10 月 8 日价格	11 月 1 日价格	盈亏值	盈亏比例	备注
甲醇期货 MA2501	2567.0 元	2479.0 元	−88.0 元	−3.43%	价格未乘
买开 MA501-P-2700	185.0 元	224.0 元	39.0 元	21.08%	以乘数 10

  我们再来看一看期权合约从建仓到平仓，买入开仓实值三档认沽期权 MA501-P-2700 的动态盈亏情况（如表 7-32 所示）。

表 7-32

日期	甲醇期货 MA2501 的价格	甲醇期货 MA2501 的盈亏比例	期权合约的盈亏比例
10 月 11 日	2503.0 元	−2.49%	23.78%
10 月 21 日	2386.0 元	−7.05%	75.41%
10 月 24 日	2446.0 元	−4.71%	44.86%
11 月 1 日	2479.0 元	−3.43%	21.08%

招式弱点：

标的价格横盘或上涨都会造成亏损，特别是大涨时亏损会比较大，而波动率下降和时间的流逝对该招式影响有限。

使用要领：

（1）买入开仓实值三档认沽期权合约的权利金很高，如果行情出现上涨或大涨，则必须及时止损，否则亏损会很大。

（2）短期内如果出现大跌行情，则考虑平仓落袋，等待下一次机会，或者把该合约平仓后再买入开仓相同张数、对应当时平值行权价的认沽期权，前提是预计行情继续下跌。

（3）买入开仓实值三档认沽期权合约对波动率和时间价值的影响不是很敏感，可以扛得住横盘震荡行情，因为亏损比例不会很大。

（4）若选择正常的行权价间距（标的价格的 2%左右）的期权品种，就选择实值三档的期权合约；若选择行权价间距比较小（标的价格的 1%左右）的期权品种，就选择实值五档的期权合约，如上证 50 指数期权、玉米期权、菜粕期权等；若选择行权价间距比较大（标的价格的 5%左右）的期权品种，就选择实值一档的期权合约，如科创 50ETF 期权等。

7.9　第九招波平大跌：买入开仓虚值一档认沽期权

招式介绍：

买入开仓虚值一档认沽期权，如表 7-33 所示。

表 7-33

招式	买入开仓虚值一档认沽期权
最大盈利	理论上无限
最大亏损	付出的权利金
盈亏平衡点	期权行权价-期权权利金
选择月份	当月合约或主力月份合约

杀伤力 5 颗星：☆☆☆☆☆

使用场景：

当预计标的价格将出现大跌，下跌幅度可能超过 3%，波动率指数处于正常水平时，使用买入开仓虚值一档认沽期权。

使用说明：

买入开仓虚值一档认沽期权合约，如果波动率指数处于正常水平，则此时认沽期权的权利金不会太高，杠杆适中，获利的概率高一些，只要标的价格有较大幅度的下跌就可以获利。

实战用法：

小旭在 2024 年 10 月 8 日买入开仓 1 张 PTA 期货 TA2501 虚值一档认沽期权 TA501-P-5200，预计 PTA 期货 TA2501 将要大跌，跌幅可能超过 3%。PTA 期货 TA2501 当天收盘价为 5310.0 元，虚值一档看跌期权 TA501-P-5200 当天收盘价为 162.0 元，构建方式如表 7-34 所示，行情图如图 7-9 所示。

表 7-34

如何构建	买入开仓 1 张虚值一档认沽期 TA501-P-5200，价格：162.0 元
构建理由	预计 PTA 期货 TA2501 将要大跌，跌幅可能超过 3%
最大盈利	理论上无限
最大亏损	810.0 元
盈亏平衡点	5200.0-162.0=5038.0 元
选择月份	选择 1 月份的主力月份合约

图 7-9

盈亏效果如表 7-35 所示，从表中可以看出，PTA 期货 TA2501 从 2024 年 10 月 8 日的收盘价 5310.0 元，跌到 11 月 1 日的盘中价 4954.0 元，下跌 6.70%，而买入开仓 1 张虚值一档认沽期权 TA501-P-5200（简称买开认沽期权 TA501-P-5200）盈利 660.0 元，收益率为 81.48%。

表 7-35

标的	10月8日价格	11月1日价格	盈亏值	盈亏比例	备注
PTA 期货 TA2501	5310.0 元	4954.0 元	-356.0 元	-6.70%	价格未乘以乘数 5
买开认沽期权 TA501-P-5200	162.0 元	294.0 元	132.0 元	81.48%	

我们再来看一看期权合约从建仓到平仓，买入开仓虚值一档认沽期权 TA501-P-5200 的动态盈亏情况（如表 7-36）所示。

表 7-36

日期	PTA 期货 TA2501 的价格	PTA 期货 TA2501 的盈亏比例	期权合约的盈亏比例
10 月 11 日	5236.0 元	−1.39%	0.00%
10 月 18 日	4992.0 元	−5.99%	80.84%
10 月 24 日	5012.0 元	−5.61%	59.26%
10 月 29 日	4862.0 元	−8.44%	134.57%
11 月 1 日	4954.0 元	−6.70%	81.48%

招式弱点：

标的价格小幅下跌或上涨都会造成亏损，并且波动率下降和时间的流逝都对该招式不利。

使用要领：

（1）买入开仓虚值一档认沽期权合约的权利金还是比较高的，如果行情没有大跌，则记得及时止损。

（2）短期内如果出现大跌行情，则考虑平仓落袋，等待下一次机会，或者把该合约平仓后再买入开仓相同张数、对应当时平值行权价的认沽期权 TA501-P-5000（10 月 18 日移仓），前提是预计行情继续下跌。

（3）在趋势行情启动前进场，收益会很不错。

（4）若选择正常的行权价间距（标的价格的 2% 左右）的期权品种，就选择虚值一档的期权合约；若选择行权价间距比较小（标的价格的 1% 左右）的期权品种，就选择虚值二档的期权合约，如上证 50 指数期权、玉米期权、菜粕期权等；若选择行权价间距比较大（标的价格的 5% 左右）的期权品种，就选择平值的期权合约，如科创 50ETF 期权等。

7.10　第十招暴力下跌：买入开仓虚值三档认沽期权

招式介绍：

买入开仓虚值三档认沽期权，如表 7-37 所示。

表 7-37

招式	买入开仓虚值三档认沽期权
最大盈利	理论上无限
最大亏损	付出的权利金
盈亏平衡点	期权行权价-期权权利金
选择月份	当月合约或主力月份合约

杀伤力 5 颗星：☆☆☆☆☆

使用场景：

当预计标的价格将要暴跌，下跌幅度可能超过 6%，出现一波又快又猛的下跌行情时，使用买入开仓虚值三档认沽期权。

使用说明：

买入开仓虚值三档认沽期权合约所付出的权利金比较少，成本低，杠杆更高，可以获得更高的收益，但是获利的概率比较低，标的价格必须有大幅度下跌才能获利。

实战用法：

小旭在 2024 年 10 月 8 日买入开仓 1 张镍期货 ni2412 虚值三档认沽期

权 ni2412-P-128000，预计镍期货 ni2412 将要暴跌，跌幅可能超过 6%。镍期货 ni2412 当天收盘价为 133380.0 元，镍期货 ni2412 认沽期权 ni2412-P-128000 当天收盘价为 2210.0 元，构建方式如表 7-38 所示，行情图如图 7-10 所示。

表 7-38

如何构建	买入开仓 1 张虚值三档认沽期权 ni2412-P-128000，价格：2210.0 元
构建理由	预计镍期货 ni2412 将要暴跌，跌幅可能超过 6%
最大盈利	理论上无限
最大亏损	2210.0 元
盈亏平衡点	128000.0-2210.0=125790.0 元
选择月份	选择 12 月份的主力月份合约

图 7-10

盈亏效果如表 7-39 所示，从表中可以看出，镍期货 ni2412 从 2024 年 10 月 8 日的收盘价 133380.0 元，跌到 11 月 1 日的盘中价 124140.0 元，下跌 6.93%，而买入开仓虚值三档认沽期权 ni2412-P-128000（简称买开

ni2412-P-128000）盈利 3990.0 元，收益率为 180.54%。

表 7-39

标的	10 月 8 日价格	11 月 1 日价格	盈亏值	盈亏比例	备注
镍期货 ni2412	133380.0 元	124140.0 元	-9240.0 元	-6.93%	价格未乘以乘数 1
买开 ni2412-P-128000	2210.0 元	6200.0 元	3990.0 元	180.54%	

我们再来看一看期权合约从建仓到平仓时，买入开仓虚值三档认沽期权 ni2412-P-128000 的动态盈亏情况（如表 7-40 所示）。

表 7-40

日期	镍期货 ni2412 的价格	镍期货 ni2412 的盈亏比例	期权合约的盈亏比例
10 月 14 日	134900.0 元	1.14%	-14.30%
10 月 18 日	129150.0 元	-3.17%	43.98%
10 月 28 日	126670.0 元	-5.03%	103.80%
11 月 1 日	124140.0 元	-6.93%	180.54%

招式弱点：

标的价格小幅下跌或上涨都会造成亏损，并且波动率下降和时间的流逝都对该招式不利。

使用要领：

（1）买入开仓虚值三档认沽期权合约基本上不用止损，除非买入金额很大。

（2）短期内如果出现暴跌行情，则考虑平仓落袋，等待下一次机会。

（3）在趋势行情启动前进场，收益会很不错。

（4）若选择正常的行权价间距（标的价格的 2%左右）的期权品种，就选择虚值三档的期权合约；若选择行权价间距比较小（标的价格的 1%左右）的期权品种，就选择虚值五档的期权合约，如上证 50 指数期权、玉米期权、菜粕期权等；若选择行权价间距比较大（标的价格的 5%左右）的期权品种，就选择虚值一档的期权合约，如科创 50ETF 期权等。

附录 A 期权品种合约要素

一些期权品种的合约要素如表 A-1~表 A-10 所示。

表 A-1

合约要素	内容
合约标的	上证 50 交易型开放式指数证券投资基金（"50ETF"）
合约类型	认购期权和认沽期权
合约单位	10000 份
合约到期月份	当月、下月及随后两个季月
行权价	9 个（1 个平值合约、4 个虚值合约、4 个实值合约）
行权价间距	3 元或以下为 0.05 元，3 元至 5 元（含）为 0.1 元，5 元至 10 元（含）为 0.25 元，10 元至 20 元（含）为 0.5 元，20 元至 50 元（含）为 1 元，50 元至 100 元（含）为 2.5 元，100 元以上为 5 元
行权方式	到期日行权（欧式）
交割方式	实物交割（业务规则另有规定的除外）
到期日	到期月份的第四个星期三（遇法定节假日顺延）
行权日	同合约到期日，行权指令提交时间为 9:15—9:25、9:30—11:30、13:00—15:30
交收日	行权日次一交易日
交易时间	9:15—9:25、9:30—11:30（9:15—09:25 为开盘集合竞价时间），13:00—15:00（14:57—15:00 为收盘集合竞价时间）
买卖类型	买入开仓、买入平仓、卖出开仓、卖出平仓、备兑开仓、备兑平仓以及业务规则规定的其他买卖类型
最小报价单位	0.0001 元
申报单位	1 张或其整数倍
涨跌幅限制	认购期权最大涨幅=max {合约标的物前收盘价×0.5%, min[（2×合约标的物前收盘价-行权价格），合约标的物前收盘价]×10%} 认购期权最大跌幅=合约标的物前收盘价×10% 认沽期权最大涨幅=max{行权价格×0.5%, min[（2×行权价格-合约标的物前收盘价），合约标的物前收盘价]×10%} 认沽期权最大跌幅=合约标的物前收盘价×10%
熔断机制	连续竞价期间，期权合约盘中交易价格较最近参考价格涨跌幅度达到或者超过 50% 且价格涨跌绝对值达到或者超过 5 个最小报价单位时，期权合约进入 3 分钟的集合竞价交易阶段

续表

合约要素	内容
开仓保证金 最低标准	认购期权义务仓开仓保证金=[合约前结算价+Max（12%×合约标的物前收盘价-认购期权虚值，7%×合约标的物前收盘价）]×合约单位 认沽期权义务仓开仓保证金=Min[合约前结算价+Max（12%×合约标的物前收盘价-认沽期权虚值，7%×行权价格），行权价格]×合约单位
维持保证金 最低标准	认购期权义务仓维持保证金=[合约结算价+Max（12%-合约标的物收盘价-认购期权虚值，7%-合约标的物收盘价）]×合约单位 认沽期权义务仓维持保证金=Min[合约结算价+Max（12%-合约标的物收盘价-认沽期权虚值，7%-行权价格），行权价格]×合约单位

表 A-2

合约要素	内容
合约标的	豆粕期货合约
合约类型	看涨期权、看跌期权
交易单位	1 手（10 吨）豆粕期货合约
报价单位	元（人民币）/吨
最小变动价位	0.5 元/吨
涨跌停板幅度	与豆粕期货合约涨跌停板幅度相同
合约月份	1、3、5、7、8、9、11、12 月
交易时间	每周一至周五：09:00—10:15，10:30—11:30，13:30—15:00，21:00—23:00，以及交易所规定的其他交易时间
最后交易日	豆粕期货交割月份前一个月的第 12 个交易日，以及交易所规定的其他日期
到期日	同最后交易日
行权价	覆盖以豆粕期货合约上一交易日结算价上下浮动 1.5 倍当日涨跌停板幅度对应的价格范围。 行权价格≤2000 元/吨，行权价格间距为 25 元/吨； 2000 元/吨＜行权价≤5000 元/吨，行权价间距为 50 元/吨； 行权价格＞5000 元/吨，行权价格间距为 100 元/吨
行权方式	美式。买方可在到期前的任一交易日闭市（15:00）前提交行权申请；买方可在到期日 15:30 之前提交行权申请、放弃申请
交易代码	看涨期权：M—合约月份—C—行权价格 看跌期权：M—合约月份—P—行权价格
上市交易所	大连商品交易所

表 A-3

合约要素	内容
合约标的	白糖期货合约
合约类型	看涨期权、看跌期权
交易单位	1 手（10 吨）白糖期货合约
报价单位	元（人民币）/吨
最小变动价位	0.5 元/吨
涨跌停板幅度	与白糖期货合约涨跌停板幅度相同
合约月份	白糖期货合约中的连续两个近月，其后月份在白糖期货合约结算后持仓量达到 5000 手（双边）之后的第二个交易日挂牌
交易时间	每周一至周五：09:00—10:15，10:30—11:30，13:30—15:00，21:00—23:00，以及交易所规定的其他交易时间
最后交易日	白糖期货交割月份前一个月第 15 个日历日之前（含该日）的倒数第 3 个交易日，以及交易所规定的其他日期
到期日	同最后交易日
行权价	覆盖以白糖期货合约上一交易日结算价上下浮动 1.5 倍当日涨跌停板幅度对应的价格范围。 行权价≤3000 元/吨，行权价间距为 50 元/吨； 3000 元/吨＜行权价≤10 000 元/吨，行权价间距为 100 元/吨； 行权价＞10 000 元/吨，行权价间距为 200 元/吨
行权方式	美式。买方可在到期前的任一交易日闭市（15:00）前提交行权申请；买方可在到期日 15:30 之前提交行权申请、放弃申请
交易代码	看涨期权：SR—合约月份—C—行权价格 看跌期权：SR—合约月份—P—行权价格
上市交易所	郑州商品交易所

表 A-4

合约要素	内容
合约标的	铜期货合约
合约类型	看涨期权，看跌期权
交易单位	1 手（5 吨）铜期货合约
报价单位	元（人民币）/吨
最小变动价格	2 元/吨
涨跌停板幅度	与阴极铜期货合约涨跌停板幅度相同
合约月份	最近两个连续月份合约，其后月份在标的期货合约结算后持仓量达到一定数值之后的第二个交易日挂牌。具体数值交易所另行发布

续表

合约要素	内容
交易时间	每周一至周五：09:00—10:15，10:30—11:30，13:30—15:00，21:00—01:00，以及交易所规定的其他交易时间
最后交易日	铜期货合约交割月前一个月的倒数第 5 个交易日，交易所可以根据国家法定节假日等调整最后交易日
到期日	同最后交易日
行权价	覆盖阴极铜期货合约上一交易日结算价上下浮动 1.5 倍当日涨跌停板幅度对应的价格范围。 行权价≤40 000 元/吨，行权价间距为 500 元/吨； 40 000 元/吨＜行权价≤80 000 元/吨，行权价间距为 1000 元/吨； 行权价＞80 000 元/吨，行权价间距为 2000 元/吨
行权方式	美式。买方可以在到期日前任一交易日的交易时间提交行权申请；买方可以在到期日 15:30 之前提出行权申请、放弃申请
交易代码	看涨期权：CU—合约月份—C—行权价格 看跌期权：CU—合约月份—P—行权价格
上市交易所	上海期货交易所

表 A-5

合约要素	内容
合约标的	黄金期货合约（1000 克）
合约类型	看涨期权，看跌期权
交易单位	1 手（1000 克）黄金期货合约
报价单位	元（人民币）/克
最小变动价格	0.02 元/克
涨跌停板幅度	与黄金期货合约涨跌停板幅度相同
合约月份	最近两个连续月份合约，其后月份在标的期货合约结算后持仓量达到一定数值之后的第二个交易日挂牌。具体数值交易所另行发布
交易时间	每周一至周五：09:00—10:15，10:30—11:30，13:30—15:00，21:00—02:30，以及交易所规定的其他交易时间
最后交易日	黄金期货合约交割月前一个月的倒数第 5 个交易日，交易所可以根据国家法定节假日等调整最后交易日
到期日	同最后交易日
行权价	覆盖黄金期货合约上一交易日结算价上下浮动 1.5 倍当日涨跌停板幅度对应的价格范围。 行权价≤200 元/克，行权价间距为 2 元/克； 200 元/克＜行权价≤400 元/克，行权价间距为 4 元/克； 行权价＞400 元/克，行权价间距为 8 元/克

续表

合约要素	内容
行权方式	美式。买方可以在到期日前任一交易日的交易时间提交行权申请；买方可以在到期日 15:30 之前提出行权申请、放弃申请
交易代码	看涨期权：AU—合约月份—C—行权价格 看跌期权：AU—合约月份—P—行权价格
上市交易所	上海期货交易所

表 A-6

合约要素	内容
合约标的	铁矿石期货合约
合约类型	看涨期权、看跌期权
交易单位	1 手（100 吨）铁矿石期货合约
报价单位	元（人民币）/吨
最小变动价位	0.1 元/吨
涨跌停板幅度	与铁矿石期货合约涨跌停板幅度相同
合约月份	1、2、3、4、5、6、7、8、9、10、11、12 月
交易时间	每周一至周五：09:00—10:15，10:30—11:30，13:30—15:00，21:00—23:00，以及交易所规定的其他交易时间
最后交易日	铁矿石期货交割月份前一个月的第 5 个交易日，交易所可以根据国家法定节假日等调整最后交易日
到期日	同最后交易日
行权价	覆盖以铁矿石期货合约上一交易日结算价上下浮动 1.5 倍当日涨跌停板幅度对应的价格范围。 行权价≤300 元/吨，行权价间距为 5 元/吨； 300 元/吨＜行权价≤1000 元/吨，行权价间距为 10 元/吨； 行权价＞1000 元/吨，行权价间距为 20 元/吨
行权方式	美式。买方可在到期前的任一交易日闭市（15:00）前提交行权申请；买方可在到期日 15:30 之前提交行权申请、放弃申请
交易代码	看涨期权：I—合约月份—C—行权价格 看跌期权：I—合约月份—P—行权价格
上市交易所	大连商品交易所

表 A-7

合约要素	内容
合约标的	原油期货合约（1000 桶）
合约类型	看涨期权，看跌期权

续表

合约要素	内容
交易单位	1 手（1000 桶）原油期货合约
报价单位	元（人民币）/桶
最小变动价格	0.05 元/桶
涨跌停板幅度	与原油期货合约涨跌停板幅度相同
合约月份	最近两个连续月份合约，其后月份在标的期货合约结算后持仓量达到一定数值之后的第二个交易日挂牌。具体数值交易中心另行发布
交易时间	每周一至周五：09:00—10:15，10:30—11:30，13:30—15:00，21:00—02:30，以及交易中心规定的其他交易时间
最后交易日	原油期货合约割月前第一月的倒数第 13 个交易日，交易中心可以根据国家法定节假日等调整最后交易日
到期日	同最后交易日
行权价	覆盖原油期货合约上一交易日结算价上下浮动 1.5 倍当日涨跌停板幅度对应的价格范围。 行权价≤250 元/桶，行权价间距为 2 元/桶； 250 元/桶<行权价≤500 元/桶，行权价间距为 5 元/桶； 行权价>500 元/桶，行权价间距为 10 元/桶
行权方式	美式。买方可以在到期日前任一交易日的交易时间提交行权申请；买方可以在到期日 15:30 之前提出行权申请、放弃申请
交易代码	看涨期权：SC—合约月份—C—行权价格 看跌期权：SC—合约月份—P—行权价格
上市交易所	上海国际能源交易中心

表 A-8

合约要素	内容
合约标的	工业硅期货合约
合约类型	看涨期权、看跌期权
交易单位	1 手（5 吨）工业硅期货合约
报价单位	元（人民币）/吨
最小变动价位	1 元/吨
涨跌停板幅度	与工业硅期货合约涨跌停板幅度相同
合约月份	1、2、3、4、5、6、7、8、9、10、11、12 月
交易时间	每周一至周五（法定节假日除外）：09:00—10:15，10:30—11:30，13:30—15:00，21:00—23:00，以及交易所规定的其他交易时间
最后交易日	工业硅期货交割月份前一个月的第 5 个交易日，以及交易所规定的其他日期
到期日	同最后交易日

续表

合约要素	内容
行权价	覆盖以工业硅期货合约上一交易日结算价上下浮动 1.5 倍当日涨跌停板幅度对应的价格范围。 行权价≤10 000 元/吨，行权价间距为 100 元/吨； 10 000 元/吨＜行权价≤30 000 元/吨，行权价间距为 200 元/吨； 行权价＞30 000 元/吨，行权价间距为 400 元/吨
行权方式	美式。买方可以在到期日之前任一交易日的交易时间，以及到期日 15:30 之前提交行权申请
交易代码	看涨期权：SI—合约月份—C—行权价格 看跌期权：SI—合约月份—P—行权价格
上市交易所	广州期货交易所

表 A-9

合约要素	内容
合约标的	中证 1000 指数
合约乘数	每点人民币 100 元
合约类型	看涨期权、看跌期权
报价单位	指数点
最小变动价位	0.2 点
每日价格最大波动限制	上一交易日中证 1000 指数收盘价的±10%
合约月份	当月、下 2 个月及随后 3 个季月
交易时间	每周一至周五：9:30—11:30，13:00—15:00
最后交易日	合约到期月份的第三个星期五，遇国家法定假日顺延
到期日	同最后交易日
行权价	行权价覆盖中证 1000 指数上一交易日收盘价上下浮动 10%对应的价格范围。 对当月与下 2 个月合约：行权价≤2500 点时，行权价间距为 25 点； 2500 点＜行权价≤5000 点时，行权价间距为 50 点； 5000 点＜行权价≤10 000 点时，行权价间距为 100 点； 行权价＞10 000 点时，行权价间距为 200 点。 对随后 3 个季月合约：行权价≤2500 点时，行权价间距为 50 点； 2500 点＜行权价≤5000 点时，行权价间距为 100 点； 5000 点＜行权价≤10 000 点时，行权价间距为 200 点； 行权价＞10 000 点时，行权价间距为 400 点
行权方式	欧式
交割方式	现金交割
交易代码	看涨期权：MO 合约月份-C-行权价格 看跌期权：MO 合约月份-P-行权价格
上市交易所	中国金融期货交易所

表 A-10

期权品种	合约标的	合约乘数	行权方式	到期日	交易所
上证 50ETF 期权	上证 50ETF	10 000	欧式	到期月份的第四个星期三，遇国家法定假日顺延	上交所
沪深 300ETF 期权（沪）	华泰沪深 300ETF	10 000	欧式		
中证 500ETF 期权（沪）	南方中证 500ETF	10 000	欧式		
沪深 300ETF 期权（深）	嘉实沪深 300ETF	10 000	欧式		深交所
中证 500ETF 期权（深）	嘉实中证 500ETF	10 000	欧式		
创业板 ETF 期权	易方达创业板 ETF	10 000	欧式		
沪深 300 股指期权	沪深 300 指数	100	欧式	到期月份的第三个星期五，遇国家法定假日顺延	中金所
中证 1000 股指期权	中证 1000 指数	100	欧式		
豆粕期权	豆粕期货合约	10	美式	交割月份前一个月的第 12 个交易日，以及交易所规定的其他日期	大商所
玉米期权	玉米期货合约	10	美式		
铁矿石期权	铁矿石期货合约	100	美式		
液化石油气期权	液化石油气期货合约	20	美式		
聚丙烯期权	聚丙烯期货合约	5	美式		
聚氯乙烯期权	聚氯乙烯期货合约	5	美式		
线型低密度聚乙烯期权	线型低密度聚乙烯期货合约	5	美式		
棕榈油期权	棕榈油期货合约	10	美式		
黄大豆 1 号期权	黄大豆 1 号期货合约	10	美式		
黄大豆 2 号期权	黄大豆 2 号期货合约	10	美式		
豆油期权	豆油期货合约	10	美式		
白糖期权	白糖期货合约	10	美式	交割月份前一个月第 15 个日历日之前（含该日）的倒数第 3 个交易日，或交割月份前两个月的倒数第 3 个交易日，以及交易所规定的其他日期	郑商所
棉花期权	棉花期货合约	5	美式		
PTA 期权	PTA 期货合约	5	美式		
甲醇期权	甲醇期货合约	10	美式		
菜籽粕期权	菜籽粕期货合约	10	美式		
动力煤期权	动力煤期货合约	100	美式		
菜籽油期权	菜籽油期货合约	10	美式		
花生期权	花生期货合约	5	美式		
苹果期权	苹果期货合约	10	美式		
红枣期权	红枣期货合约	5	美式		

期权品种	合约标的	合约乘数	行权方式	到期日	交易所
铜期权	铜期货合约	5	美式	交割月份前一个月的倒数第5个交易日，以及交易所规定的其他日期	上期所
铝期权	铝期货合约	5	美式		
锌期权	锌期货合约	5	美式		
镍期权	镍期货合约	1	美式		
橡胶期权	橡胶期货合约	10	美式		
黄金期权	黄金期货合约	1000	美式		
原油期权	原油期货合约	1000	美式	交割月份前一个月的倒数第13个交易日，以及交易所规定的其他日期	上海国际能源交易中心
工业硅期权	工业硅期货合约	5	美式	交割月份前一个月的第5个交易日，以及交易所规定的其他日期	广期所
碳酸锂期权	碳酸锂期货合约	1	美式		

详细的期权合约要素表请登录各交易所官方网站查看。

附录 B 期权实战"九种武器"一览表

表 B-1

内容\武器	倚天剑	屠龙刀	长生剑	孔雀翎	碧玉刀	多情环	离别钩	霸王枪	拳头
构建理由	预期标的物价格会上涨,但又怕标的物的价格会下跌到心理能承受的价格	预计标的物的价格变化较小或者小幅上涨	预计标的物的价格温和上涨,涨到目标价 K_2	预计标的物的价格将要突破横盘震荡行情或者有重大事件公布,波动将变大	预计标的物的价格会大幅上涨,但又不想因大跌而大亏损	预计标的物的价格和下跌,跌到目标价 K_1	预计标的物将要进入横盘震荡行情或者波动率将变小	预计标的物的价格温和上涨的同时又担心大幅下跌	预计标的物价格在一定区间内震荡,在行权价 B 和 C 之间,但又担心会突破这个区间
如何构建	买入开仓标的物的看涨期权,同时买入标的物的看跌期权(通常为浅虚值看涨期权和浅虚值看跌期权)	买入标的物,同时卖出开仓标的物的看涨期权(通常为虚值看涨期权)	买入开仓1张较低行权价 K_1 的认购期权,同时卖出开仓1张较高行权价 K_2 的认购期权,$K_2>K_1$	买入开仓相同行权价、相同到期月份的1张平值认购期权和1张平值认沽期权	卖出开仓1张平值行权价 K_1 的认沽期权,同时买入开仓2张1价 K_2 的认购期权,$K_2>K_1$	买入开仓1张较高行权价 K_2 的认购期权,同时卖出开仓1张、虚值较低行权价 K_1 的认购期权,$K_2>K_1$	卖出开仓1张虚一档行权价的认购期权,并卖出开仓同月同虚一档行权价的认沽期权	买入开仓1张平值行权价 K_1 的认购期权,同时卖出开仓行权价 K_2 的2张虚值行权价 K_2 的认购期权,$K_2>K_1$	买入开仓1张行权价 A 的认沽期权,并卖出开仓同月份行权价 B 的认沽期权,同时卖出开仓行权价 C 的认购期权,再买入开仓行权价 D 的认购期权,标的物的现价在 B 和 C 之间,行权价格间距一致,A<B<C<D

续表

武器 内容	倚天剑	屠龙刀	长生剑	孔雀翎	碧玉刀	多情环	离别钩	霸王枪	拳头
最大盈利	理论上无限	看涨期权行权价−标的物的成本+看涨期权权利金	K_2认购期权行权价−K_1认购期权行权价+净权利金	理论上无限	理论上无限	当标的物价格在K_1时,K_1认购期权权利金−K_2认购期权权利金	认购期权权利金+认沽期权权利金	K_2认购期权行权价−K_1认购期权行权价+净权利金	收到的权利金−付出的权利金
最大亏损	购买标的物的成本−看跌期权的行权价+看跌期权权利金	购买标的物的成本−看涨期权价+看涨期权权利金	K_1认购期权权利金−K_2认购期权权利金−认购期权净利金	认购期权权利金+认沽期权权利金	K_2认购期权行权价−K_1认购期权行权价+净权利金	当标的物价格在K_2时,K_2认购期权行权价−K认购期权行权价−购期权净权利金	理论上无限	理论上无限	行权价B−A−收到的权利金+付出的权利金
盈亏平衡点	购买标的物的价格+看跌期权价+看跌期权权利金	购买标的物的成本+看涨期权权利金	K_1认购期权行权价+2张期权净权利金	平值行权价+净权利金 或:平值行权价−净权利金	净权利金>0时,行权价K_2+K_2认购期权行权价+认购期权净利金或净权利金<0时,行权价K_1认购期权行权金或认购期权行权价K_2+K_1认购期权行权价+净权利金)	K_1认购期权行权价+两张期权利金+净权利金	净权利金>0时,行权价K_2+K_2认购期权行权价+认购期权净权利金或:认沽期权行权价−净权利金	净权利金>0时,行权价K_2+(K_2认购期权行权价−K_1认购期权行权价+净权利金)或,行权价K+C+收到的权利金或收到的权利金+付出的权利金)	行权价B−A−收到的权利金+付出的权利金或:行权价C+收到的权利金+付出的权利金

后　记

　　我很荣幸能把自己的方法和经验总结成书，供期权交易者参考。希望读者朋友能通过阅读此书，形成自己的分析方法和交易理念，成为一位理性的期权交易者，坚持稳健进取的投资理念，长期活跃在我国的期权市场中。

　　本书原计划撰写 6 章，在最后阶段听取一部分读者意见，增加了第 7 章：期权实战经典十招。增加第 7 章的目的是增强本书的实战性。经典十招是我这几年从事期权交易的经验总结。这十招涵盖了十种不同行情的交易招式，投资者可以根据每一种行情自主选择招式，这就将期权交易简单化了，直接一招制胜，希望能让读者轻松交易期权。

　　书本中的期权知识和理论都是静态的，而期权恰恰是一个动态的交易模型，它的时间价值会因时间的流逝而变化，所以在期权实战中碰到的很多内容，都是动态的期权数据和理论。初学者刚进行期权交易会感到困惑，为啥盘面表现跟书本中的理论不一样呢？为了解决这个问题，首先，我们录制了一些培训课程的视频，有条件的投资者可以对照学习。其次，我们建立了"期权实战交流微信群"，方便大家沟通交流和提高交易水平，想加入的投资者请加微信13318736430。最后，我们会不定期开展"权能战士"集训营，提供系统和全面的线下期权培训课程，想参加的投资者请咨询微信13318736430。希望通过以上三种方法能够让读者更快地掌握期权交易理论和技巧，成为一位持续盈利的期权交易者。

　　在编写本书过程中，我的好朋友侯方明、刘俊、郑珍智、尹呈祥和刘建平等人提出了宝贵意见，并提供部分原始数据和 K 线图，在此表示衷心的感谢。感谢陈邦华、赖明潭、于红三位老师为本书写推荐序。他们三位也对本书的内容设置等方面提出许多宝贵意见。由于编写本书的时间比较仓促，加之笔者水平有限，书中难免出现错误和不足之处，敬请读者批评指正。

互联网时代让你我沟通没有距离，可以随时随地很方便地交流，能在期权市场中相识是我们的缘分，也希望本书能够给读者带来财运，祝读者在期权投资中以小博大，利润持续增长，投资顺利！